笹田博通・山口匡・相澤伸幸 編著

考える道徳教育

「道徳科」の授業づくり

福村出版

[JCOPY]〈出版者著作権管理機構 委託出版物〉
本書の無断複写は著作権法上での例外を除き禁じられています。複写される場合は、そのつど事前に、出版者著作権管理機構（電話 03-5244-5088、FAX 03-5244-5089、e-mail: info@jcopy.or.jp）の許諾を得てください。

まえがき

　小・中学校の学習指導要領の全面的改訂（2017〈平成29〉年）に先立って、2015（平成27）年、学習指導要領の一部改正で道徳の教科化が告示され、小学校はこの 2018（平成 30）年度から、また中学校は 2019 年度から、道徳科＝「特別の教科　道徳」の授業を本格的に行うこととなった。道徳の教科化は道徳教育の抜本的な充実を目指すものであるが、わが国で道徳教育があらためて重要視されるに至った背景には、少子高齢化、高度情報化、グローバル化といった社会状況の変化と、それにともなう教育観、人間形成観の混乱が加速度的に進む中で、いじめ、不登校、自殺等々の多発している今日の教育現実があろう。

　この教育現実は、教育者（教師）と被教育者（児童、生徒）の双方にとってじつに深刻な現実なのであり、したがって、いまや教育、とりわけ道徳教育の根本的な変革が必要とされているのである。

　本書『考える道徳教育』は、道徳の教科化にまつわるこのような事情をふまえたものであり、あらかじめ全体を見渡すなら、第Ⅰ部「道徳教育の基礎知識」（第1章〜第4章）では、私たちが道徳教育のあり方を探究していく際の基礎となる事柄、すなわち、伝統的な道徳教育の原理と意義、近現代日本の道徳教育の歴史、欧米諸国にみる道徳教育の現状、さらに、「道徳性」の発達段階に関する理論がテーマとして取り上げられる。

　第Ⅱ部「これからの道徳教育と道徳科」（第5章〜第11章）では、まず、道徳が「特別の教科　道徳」のかたちで教科化されるに至った経緯、また、道徳科の提示する教育観・指導観・学習観について考察される。次いで、小・中学校学習指導要領の中に掲げられた道徳科の4つの視点、具体的には、

「A　主として自分自身に関すること」
「B　主として人との関わりに関すること」
「C　主として集団や社会との関わりに関すること」
「D　主として生命や自然、崇高なものとの関わりに関すること」

のそれぞれについて検討される。そして、これからの道徳教育が今日の教育諸課題（いじめ、情報モラル、幼小連携、キャリア教育）にどう対処していくか、さらに、道徳科のコンセプト（「考え、議論する道徳」）をどう受け取るべきかについて展望される。

　第Ⅲ部「道徳教育と道徳科の指導法」（第12章〜第14章）では、道徳科における「指導計画の作成と内容の取扱い」（小・中学校学習指導要領）をふまえた上で、道徳科の年間指導計画の内容や、道徳科の学習指導案の仕組みなどについて考察されるとともに、小学校、中学校における道徳科の授業づくりについて検討される。

　本書はこのように、道徳の教科化への対応に重点を置いて編集されたものであるが、そこには、私たちが道徳教育を根本的に究明する際の手がかりを提供する、との意図もまた込められている。

　東日本大震災からすでに7年有余の歳月が経過しているものの、自然的・社会的危機が続く中で、「心の荒廃」ともいうべき事態があらためて問題となっている今日、私たちは、人間を本来の「人間性」=「人間らしさ」へと導く道徳教育の可能性を、ひいてはその「人間らしさ」に関し、教育者と被教育者が互いに思考する道徳教育のあり方を模索し、そこから、道徳教育の立つべき新たな地平を切り開いていかねばならない。本書がこのような課題に寄与することができるなら幸いである。

2018年7月1日

　　　　　　　　　　　　　　　　　　　　　　　　　　　笹田博通

＊なお、小・中学校の「学習指導要領」（2017年3月）および「学習指導要領解説　総則編」（2017年7月）「同　特別の教科　道徳編」（2017年7月）については、本書全体にわたり参照しているので、「参考文献」には記載していないということをお断りしておきます。

＊このたびの初版第2刷に際しては、誤字・脱字等の訂正ならびに法令改正による資料の更新を行いました（2022年11月30日　編者）。

目　次

まえがき ……………………………………………………………………… 3

第Ⅰ部　道徳教育の基礎知識

第1章　伝統的な道徳教育への問い …………………………………… 10

1　日本人の道徳理解の特質　10
2　日本人の道徳思想の展開　13
3　伝統的な道徳教育の意義　16

第2章　近現代の日本にみる道徳教育の歩み ………………………… 20

1　戦前の道徳教育　20
2　戦後の道徳教育　25

第3章　欧米の学校における道徳教育の現状 ………………………… 30

1　イギリス（イングランド）の場合　30
2　ドイツの場合　32
3　フランスの場合　34
4　アメリカの場合　36
5　日本への示唆　38

第4章　道徳性の発達理論 ………………………………………………… 41

1　他律から自律へという発達段階説の端緒　41
2　他律から自律へという発達段階説の展開　43
3　他律から自律へという発達段階説に対する批判　46

第Ⅱ部 これからの道徳教育と道徳科

第5章 「特別の教科 道徳」の教育観 ……… 53

1 「特別の教科 道徳」（道徳科）の誕生 53
2 道徳教育と道徳科の目標 56
3 新学習指導要領における道徳科 58
4 道徳科の指導内容 61
5 道徳科の指導方法と評価方法 64

第6章 子どもの自立を促す道徳教育：
「Ａ 主として自分自身に関すること」 ……… 66

1 自立的・主体的生き方の基盤としての「自分自身」 66
2 視点Ａの内容項目 69
3 視点Ａにおける学習指導のあり方 72

第7章 人間関係の成長を支える道徳教育：
「Ｂ 主として人との関わりに関すること」 ……… 75

1 「親切」「思いやり」を考え、議論する 75
2 「感謝」を考え、議論する 77
3 「礼儀」を考え、議論する 79
4 「友情」「信頼」を考え、議論する 81
5 道徳教育の前提そのものとしての「相互理解」「寛容」 84

第8章 よりよい共同体を目指す道徳教育：
「Ｃ 主として集団や社会との関わりに関すること」 ……… 86

1 人間と共同体および道徳 86
2 視点Ｃの内容項目 89
3 視点Ｃの道徳の学習指導 92

第9章　生命の尊さや崇高なものを見つめる道徳教育：
「D　主としで生命や自然、崇高なものとの関わりに関すること」 ……… 97

1　視点Ｄの概要　97
2　視点Ｄの内容項目　99
3　視点Ｄにおける指導上の要点と留意点　103

第10章　現代的課題に取り組む道徳教育 ……………………………………… 108

1　いじめへの対応と道徳教育　108
2　情報モラルと道徳教育　114
3　幼小連携と道徳教育　119
4　キャリア教育と道徳教育　127

第11章　これからの社会を「考え、議論する」道徳教育 ……………… 135

1　これまでの道徳の授業が印象に残らなかった理由　135
2　「考え、議論する」道徳教育が目指すもの　136
3　「考え、議論する」道徳教育と時代の要請　138
4　「考え、議論する」道徳教育とその実践　140
5　思考の深化・拡張と道徳教育　143

第Ⅲ部　道徳教育と道徳科の指導法

第12章　学習指導案の作成 …………………………………………………… 148

1　学校の教育活動全体を通じて行う道徳教育と道徳科の授業　148
2　道徳教育の全体計画と道徳科の年間指導計画　150
3　学習指導案の構成と作成　152
4　道徳科の特質を生かした、質の高い多様な指導方法　155
5　道徳科の評価のための具体的な工夫　156

第13章　小学校における道徳科の授業づくり 159

　　1　主題設定の理由　159
　　2　本時の過程　161
　　3　他の教育活動との連関　166
　　4　評　価　168

第14章　中学校における道徳科の授業づくり 170

　　1　主題設定の理由　170
　　2　本時の過程　173
　　3　評　価　177

　　あとがき 180

資　料

「教育基本法」（平成18年12月22日　法律第120号）（2006）　184
「学校教育法」（抄）（昭和22年3月31日　法律第26号）（1947）　188
「小・中学校学習指導要領」（抄）（平成29年3月31日　告示）（2017）　197
【別表】内容項目　202

索　引

　　人　名　206　　　事　項　207　　　内容項目　211

第Ⅰ部　道徳教育の基礎知識

第1章
伝統的な道徳教育への問い

　新教育基本法のもとで2008（平成20）年に改訂された学習指導要領は、小・中学校の道徳教育に関して、児童・生徒が日本の「優れた伝統」「国を愛する心」に目覚めるよう配慮するとの方針を提示していた。2015（平成27）年、この学習指導要領の一部改正において道徳の教科化が告示されたが、そこでも、「我が国の伝統と文化の尊重」「国を愛する態度」が、「特別の教科　道徳」の扱う教育内容の一部として掲げられている。

　それでは、道徳とその教育自体の「伝統」はどのようにみなされるべきなのか。本章では、こうした問題を考察していく際の足がかりを獲得するためにも、日本人の道徳理解の特質と歴史、伝統的な道徳教育の原理と意義について検討することにしたい。

1　日本人の道徳理解の特質

2つの立場

　道徳とその教育の伝統をどのように受け取るべきかについては、少なくとも2つの相異なった立場がありうるのではなかろうか。第1の立場は、日本人としての生き方に対して道徳は重要な役割を担っており、わが国の歴史の中に道徳や道徳教育の伝統が見いだされるなら、私たちはそのような伝統のもつ意義を自覚しなければならない、というものである。第2の立場は、現在では伝統的な道徳や道徳教育はもはや有効性を失っており、道徳とその教育が日本人にとって何らかの意味をもつとしても、その意味は現代の状況をふまえて新たに創造されねばならない、というものである。これらは一人の日本人の生き方の根底において対立している、あるいはそこで共存している2つの立場であるの

かもしれない。
　これらの立場がどのような思想に由来するかを確認する上でも、まずは日本人の道徳理解の特質について検討することにしたい。

日本文化
　「道徳」とよばれる事柄に対する日本人の見方ないし理解の特質は、わが国の文化および社会に固有の性格と密接に関わっていよう。まず文化との関わりを見るなら、明治時代に至るまでのわが国は中国文化を中心とする外来文化、たとえば律令制・仏教・儒教などを受容するとともに作り替え、これによって自らの身の丈に合った独自の文化を創造してきた。日本文化とは異文化の受容のうちに創造の可能性を模索しつつ、自己のアイデンティティを保持しようと努めてきた文化である。
　この受容／創造を基調とする日本文化はまた、

　①「自然」の洗練による文化
　②情緒的・心情的な傾向
　③単純化と象徴化の傾向（名号、短歌、俳句、石庭など）
　④経験主義的な合理主義（「実学」の思想）
　⑤実践性や実利性の重視（　〃　）
　⑥「心」を重視する即物主義（　〃　）

　といった独特な性格をもつとみなされている（源　了圓『文化と人間形成』）。これらの性格は道徳に対する日本人の理解形成にも影響を与え、そこから、「修練」や「修養」など心身一体の道徳教育の原理が生まれたのである（第3節参照）。

家と間柄
　また社会的側面へ目を向けると、長期にわたってわが国の社会の伝統的形態をなしたのは「家」社会、すなわち「家」という不可分の社会単位から構成される社会であり、継承に基づく維持と存続を前提とするいわゆる「タテ社会」

である。こうした「家」社会で重視されてきたのは個々の家と集落との関係、個人とその家との関係であって、ここから互いに相手を気づかい合う独特な人間関係が生まれた。和辻哲郎は「倫理」という言葉を「世間」もしくは「世の中」としての人間、すなわち「人と人の間」「間柄」に関する「ことわり」「すじ道」とみなしつつ、これによって日本社会での伝統的な人間関係を特徴づけている（『人間の学としての倫理学』）。

「道徳」は基本的に「倫理」よりも実践的意味合いの強い言葉であるが、和辻の示す「あいだ」という概念は、道徳に対する日本人の理解を性格づける1つの指標でもある。人と人の間の調和的関係が何よりもまず重視された「家」社会では、自我を強く主張するような利己的行為が忌み嫌われていた一方、純粋な心情や動機をもつ道徳的行為が尊重されていたのである。

母性原理

さて、日本人の道徳理解との関連でさらに着目されねばならないのは、わが国の文化や社会の基礎をなすといわれる「母性原理」であろう。西洋の文化や社会では物事を分断する「父性原理」が優勢であるが、日本文化・日本社会はこれとは反対にいっさいを包み込む原理、すなわち母性原理に基づいて展開されてきたとみなされている（河合隼雄）。

道徳の問題をこれに照らすなら、父性原理からは個人の成長や自立を重視する「個」の道徳が生まれ、母性原理からは場所による調和を尊重する「場」の道徳が生まれる。たしかに、明治以降のわが国は欧米の文化を積極的に受容するようになり、伝統的母性原理と外来の父性原理とが対立または交錯する中で、最近は道徳教育における父性の役割を強調する傾向も見られる。けれども、大切なのは「母性か父性か」という道徳原理の二者択一ではなくて、母性原理を父性原理で補いつつ、2つの原理の間にバランスをもたらすことなのではあるまいか。

2　日本人の道徳思想の展開

神道の場合

　ここで、日本人の道徳思想が従来どのように展開されてきたかについて、神道・仏教・儒教という3つの側面から概観することにしたい。まず神道的な道徳思想の原型は、『古事記』や『日本書紀』などの神話・伝説において示された道徳理解、すなわち「ヨキ心」／「アシキ心」というかたちでの善悪思想のうちに、さらには「キヨキ心」／「キタナキ心」の独特な道徳理解のうちにある（和辻哲郎『日本倫理思想史』）。神話・伝説から知られるヨキ心＝善とアシキ心＝悪との関係は、前者が人生の幸福を追求する心、後者が人生に災禍を及ぼす事態といった関係以上のものである。つまり、たとえ私たちが自らの幸福を追求または保持しようと欲しても、そうした欲求が他者の幸福や全体の安全を阻害するものならば、それはキタナキ心、すなわち悪心とよばれることになるのである。このキタナキ心は「クラキ心」などの言葉によっても表されており、ここからキヨキ心／キタナキ心、アカキ心／クラキ心という神道的な道徳思想の典型が生まれる。古代の日本人は、私心を去って全体に帰する明朗で透明な道徳的心境をキヨキ心、アカキ心として、ひと言でいうなら「清明心」として理解・表明しているのであって、清明心こそが彼らにとって道徳的規範を意味しているのである。こうした思想は、「皇祖神（アマテラス）」の権威への服従に基づく祭事的結合を背景としているが、先にふれた「あいだ」の思想や母性原理とも密接に関わっていよう。

仏教の場合

　さて、古代の神話や伝説は神々の「慈悲」というモチーフも含んでいるが、この「慈悲」は、親鸞・道元・日蓮らの鎌倉仏教のうちに継承されることになる（和辻、同書）。まず、親鸞はその師・法然によって示された「念仏」思想を徹底させつつ、人間が阿弥陀仏に向かうことはこの仏自身の働きにほかならず、その絶対慈悲に頼ることもこの慈悲自体の働きに基づいている、と主張した。この「絶対他力」の思想は人間の道徳一般を否定するものではなく、ま

た「自力」を放棄するといっても、それは自己の本能や衝動の抑制を放棄するという意味ではない。親鸞は「善人なほもて往生をとぐ、いはんや悪人をや」(『歎異抄(たんにしょう)』)と断言したが、この「悪人成仏」の思想が意味しているのも悪の是認などではなく、自力の聖人が救われるのだから、ひたすら絶対他力に頼る凡夫は必ず救われるということである。親鸞における絶対他力の信仰は自力で善をなす道徳を捨て去り、阿弥陀仏の絶対慈悲による「慈悲の道徳」を提唱することになった。

　親鸞の説く慈悲の道徳が悪人の「救済」を目的としているのに対し、「禅」仏教を立場とする道元の場合、慈悲とはあくまでも「仏法」、すなわち仏の真理のためのものであり、その仏法を実践する修行者の「行(ぎょう)」において実現されるものである。道元によると、仏法の修行者はただ「仏祖」に倣いながら慈悲を行うのみであって、善悪を分別するのではないから、他者の行為に関してその善悪をことさら問題とする必要はない。慈悲はもともと「我執」や「私欲」を捨て去った者の働きにほかならず、何らかの現世的効果のために行われるものではけっしてないが、道徳の問題をこれに照らすとき、人間の道徳に対して1つの指針が与えられることにもなろう。たとえば、「孝」という徳目について、道元は、在家(ざいけ)の人びとの場合は自分自身の父母にのみ孝順であればよい、だが出家者(しゅっけ)は父母に対するのと同じ態度で万物に接するべきだ、と主張する(『正法眼蔵随聞記(しょうぼうげんぞうずいもんき)』)。道元はこのように、「僧の道」と「俗の道」とを明確に区別してはいるが、しかし、道徳に関して2つの相異なった次元を認めているわけではなく、在家の道徳が深化・徹底したものを慈悲の道徳とみなしている。

　さて、親鸞と道元は念仏／禅という立場で慈悲の道徳を説いているが、「法華経(ほけきょう)」を規範とする日蓮の場合、慈悲とはあくまでも法華経を奉ずることで生まれるものである。日蓮によると、たしかに父母や師匠の「恩」に報いるということも大切ではあるが、そうした報恩を成就するためにはいかなる迫害にも耐えながら、身命を投げ出して法華経を奉ずるということが必要とされよう。ただし、私たちが法華経を奉じていくのは自らの幸福のためではなくて、法華経自身のためにほかならず、こうした意味での献身が父母・師匠の恩に報いることにもなる。そして、法華経に対する献身は生きとし生けるもののための献身であり、そうした献身こそが慈悲の道徳の生まれる根本をなすものだ

第1章　伝統的な道徳教育への問い

が、ここでいう慈悲はさらに「国家」との関係で追求されねばならない。日蓮にとって慈悲は国家の救済というテーマとも直結しており、この点で彼の道徳思想は親鸞や道元のそれから際立っていよう。

儒教の場合

　儒教的な道徳思想は、とりわけ江戸時代に多様な展開を見せたが、ここでは、その中の主たる動向を取り上げるにとどめておきたい（源了圓『徳川思想小史』）。まず、林羅山を創始者とする「朱子学派」は江戸時代に最大の勢力をもち、上・下の身分関係の基礎づけを通して幕政に貢献するとともに、理論と実践の統合を趣旨とする道徳思想を広めることになった。たとえば、貝原益軒はきわめて多くの分野を手がけた朱子学者であったが、彼はいわゆる「社会教育者」として、民衆の中での習俗を儒教道徳によって普遍化する試みも行った。益軒によると、「仁」とは万物を産出・育成している天地の憐れみのことであるが、こうした憐れみに対して私たちが応えていくのが「報恩」であって、報恩が親に向けられる場合は「孝」、そして君に向けられる場合は「忠」という徳が成立することになる。益軒は「孝」と「忠」のうち「孝」のほうをより基本的な徳として捉えており、それの内容についても心身両面にわたって詳細に規定している。

　さて、朱子学は理論的・実践的に見て不十分な点を孕んでもいたが、まず実践面におけるそれの不十分さを克服しようと試みたのは、中江藤樹や熊沢蕃山ら「陽明学」を規範とする儒学者たちであった。藤樹によると、人間はもともと不平等な関係へ運命づけられているのではなく、社会秩序が必要であるとしても、それは本性において平等な人間の秩序でなければならない。こうした社会観から、藤樹もまた「孝」を基本的徳とみなしているが、ただし、彼のいう「孝」は親に対する奉仕へと限定されているわけではなく、人類の共同体を実現する天地の主宰者への「孝」をも意味している。

　次に、理論面における朱子学の不十分さを克服しようと試みた「古学派」、すなわち伊藤仁斎や荻生徂徠は、『論語』『孟子』などの古典への復帰に基づく「人間性」の回復を提唱した。仁斎によると、生命あるものの原理＝「道」は「天道」「地道」「人道」の3つに分かれており、人道は「性」「道」「教」に

分かれているが、「道」とは人間の性質としての「性」を超えた普遍的なものであるから、私たちを養成していく力がそれ自体に備わっているわけではない。こうした力を発揮するのが「教」としての学問・教育にほかならず、教育によってこそ人間は「仁」「義」「礼」「智」の徳を実現することができる。仁斎は4つの徳のうち「仁」をもっとも基本的な徳とみなしており、こうした「仁」の本質を他者に対する「愛」または「慈愛」と解することで、人間相互の「愛」から可能となる一種の「愛の共同体」を構想している。

　なお、儒教的な道徳思想との関連でさらに着目されねばならないのは、古学派の山鹿素行によって提唱された「士道」の道徳思想であろう。士道とは儒教道徳を通して理想化された武士の生き方であって、戦国時代の武士の生き方を模範とする「武士道」(『葉隠』など)とは異なっている。素行によると、生産に従事しない武士は道徳的に民衆の手本とならねばならず、「清廉」「正直」などの「心術」を養いつつ、道徳の面でも教養の面でも自己自身を高めていかねばならない。素行は「心」のあり方は必ず「かたち」となって現れるとみなしており、視聴・言語・衣食住などを通じての「威儀」を詳細に規定している。

3　伝統的な道徳教育の意義

明治以前

　日本人の道徳思想の歴史に関する概観は以上で終えることとし、ここで、伝統的な道徳教育の原理と意義について検討することとするが、それに先立って、明治時代までの意図的な道徳教育の展開過程を確認しておこう。

(1) 意図的な道徳教育というものがわが国で最初に実現されたのは、「大宝律令」(701年)の学制により設置された「大学寮」や「国学」においてである。これらは官吏養成を目的とする貴族のための教育機関であって、『論語』『孟子』などの教科書に基づく儒教的な道徳教育を実施したが、律令制度の崩壊などとの関係で平安中期以降は衰退していった。

(2) 仏教がめざましい隆盛・発展を遂げた平安末期以降においては、寺院が世俗的な教育機関としての機能をも果たすようになって、「児」とよばれる子

どもらに一般的な道徳教育を行うことになった。
(3) 儒教的な道徳思想が武士階級によって尊重された江戸時代では、儒教的な道徳教育が「昌平坂学問所」や「藩校」において実施されたが、それはまた「寺子屋」や「私塾」を媒介として広く庶民の中に浸透した。

修練・修養

　明治以前の意図的な道徳教育は、およそこのように展開されたが、思想史的・精神史的に見るなら、道徳教育の支えとなった原理の1つに「修練」「修養」があげられよう。ここでいう修練ないし修養とは、意識的・無意識的な動作から選択・洗練・体得された行為様式、すなわち「型」に定位して自己を形成する働きのことにほかならず、そのモデルは「能」や「剣道」といった文武の「芸」のうちに見いだされる（源了圓『文化と人間形成』）。つまり、わが国の伝統的な「芸」の世界で何よりもまず強調されてきたのは、「心」「技」「体」の統一を目標としながら、精神的かつ身体的に自己を修練し修養するということであった。それは、師匠について「型」を「まねぶ」すなわち「まなぶ」ということでもあるが、そうした模倣＝「型にはまる」ことは「型を破る」ことと一対であって、その破り方の深化において「型を離れる」自由な境地が達成される。「型」の体得に至るこの過程こそ、自己を修養・形成する過程であり、道徳との関連において見るなら、それは道徳教育に関する1つの原理をも与えることになろう。

　つまり、わが国の伝統的な道徳教育で何よりもまず重視されてきたのは、自我の放縦・放漫を規制しつつ、範型に倣って自己を「型」そのものへと完成させることなのであり、心身一体の修養によって自らの人格を形成することなのである。

教　養

　さて、修練または修養の思想が明治時代以降も継承されていく一方で、大正時代には「教養」という思想が重要な位置を占めることになる（唐木順三）。この2つの思想をどのように関係づけたらよいかということは、いまだ検討すべき点を多分に含んでいる問題であるといえるが、いずれにせよ、教養の思想

は、修練ないし修養のように「型」自体の意義を強調した思想ではない。そこでは、古今東西にわたる該博(がいはく)な知識を習得することが要求されており、これによって自らの「個性」を開発していくことが重視されている。

　最初に道徳とその教育の伝統をめぐる２つの立場を想定したが、否定的もしくは消極的な立場は、戦前・戦中の「修身」を彷彿(ほうふつ)とさせ、「愛国心」の発揚にも利用されかねない修練・修養の思想を避けて、教養の思想を道徳教育の原理とみなすものであるかもしれない。しかし、重要なのは、どちらの立場が適切・妥当なものであるかではなく、むしろ、それらを教育現実との緊張関係のうちで自覚することであろう。

宗教教育との接点
　最後に伝統的な道徳教育と宗教教育との関わりにふれておくと、修練ないし修養の思想は、もともと禅仏教の「行」の思想に呼応するものであったといえよう。つまり、わが国の伝統的な禅の修行で何よりもまず重視されてきたのは、私欲または我執を捨て去りつつ、仏祖に倣って自己を仏自身の「型」へと完成させることなのであり、心身一体の「行」によって自己を根源的に形成することなのである。もっとも、「宗教」とは自己の「存在」自体を徹底的に問題とするものである以上、伝統的な道徳教育の原理＝修練（修養）、伝統的な宗教教育の原理＝「行」は基本的に立場を異にしていよう。けれども、伝統的な母性原理から「場」の道徳というものが生まれた（第１節参照）のと同様、そこからは、場所による調和をもたらす一種の「場」の宗教（神道、仏教）が生まれたのであり、この点で、修練（修養）・「行」の両者は共通の基盤に立っているともいえるのである。

　ちなみに、「特別の教科　道徳」として道徳の教科化が提唱されるにあたって、「人間の力を超えたものに対する畏敬の念を深めること」といった、宗教教育との接点を思わせるような内容もまた掲げられている。道徳教育のあるべき姿をその根底から理解・究明するためにも、私たちは、伝統的道徳教育／伝統的宗教教育の関係を吟味することにより、公教育における宗教教育の可能性を問わねばならないのである。

参考文献

唐木順三『新版 現代史への試み』筑摩書房、1963年
河合隼雄『母性社会日本の病理』講談社、1997年
鈴木大拙『日本的霊性』岩波書店、1972年
古川哲史編『日本道徳教育史』有信堂、1973年
増谷文雄『歎異抄』筑摩書房、1993年
水野弥穂子訳『正法眼蔵随聞記』筑摩書房、1992年
源了圓『徳川思想小史』中央公論社、1973年
源了圓『文化と人間形成』(教育学大全集1) 第一法規出版、1982年
山折哲雄『神と仏――日本人の宗教観』講談社、1983年
湯浅泰雄『日本人の宗教意識――習俗と信仰の底を流れるもの』講談社、1999年
和辻哲郎『人間の学としての倫理学』岩波書店、2007年
和辻哲郎『日本倫理思想史』(全4冊) 岩波書店、2011-2012年

第2章
近現代の日本にみる道徳教育の歩み

　本章では、明治から現代まで道徳教育の流れをたどりながら、その特徴および問題点を考察してみたい。小学校の道徳教育に焦点をあて、戦前の学校の子どもが、そして戦後の子どもが何を学んできたかを明らかにして、戦前と戦後における道徳教育の共通性と差異を確認する。最後に「道徳の教科化」の流れを取り上げて、教科化の特徴および今後の課題について考察する。

1　戦前の道徳教育

道徳教育の出発

　1872（明治5）年8月の「学制」制定は、わが国の近代学校教育の出発を告げるものであった。その序文である「学事奨励に関する被仰出書（おおせいだされしょ）」は、封建的な教育の内容と仕組みを批判し、「学問は身を立るの財本」という功利的・実学的教育観と教育の「機会均等」を柱とする新しい時代の教育のあり方を明らかにした。

　学制第27章は小学校（下等小学）の教科の1つに「修身」をあげている。前代までの徳育は教育の全体と未分化につながっていたが、学制では独立の教科として位置づけられたのである。学制の実施方法を示した「小学教則」は、修身の使用教科書と授業形態を規定している。それによると、教科書は『童蒙教草（どうもうおしえぐさ）』『泰西勧善訓蒙』『修身論』等の翻訳教科書であり、授業形態は「口授」であった。これらの教科書は、キリスト教文化を背景とする近代市民社会の道徳について説いており、その中には伝統的儒教道徳とは異質なものが数多く含まれていた。このような教科書の使用を指示したことは、学制の教育理念の啓蒙主義的性格と符合するものといえよう。しかし、こうした急激な教育の近代

化路線は文教政策から一時脱落していた伝統主義者の反発を招き、次に述べる徳育方針転換の契機を作り出すことになるのである。

　学制に続く「教育令」(1879〈明治12〉年9月)の制定過程において、明治天皇の侍講元田永孚が「教学聖旨」を著した。「教学ノ要、仁義忠孝ヲ明カニシテ、智識才芸ヲ究メ、以テ人道ヲ尽スハ、我祖訓国典ノ大旨、上下一般ノ教トスル所ナリ、然ルニ輓近専ラ智識才芸ノミヲ尚トヒ、文明開化ノ末ニ馳セ、品行ヲ破リ、風俗ヲ傷フ者少ナカラス」と述べる教学聖旨は、士族の反乱をはじめとする社会秩序の混乱を、国民道徳の頽廃によるものと捉え、この国民道徳頽廃の原因を、知識才芸のみをたっとぶ学制期の文明開化の教育に求める。そして今後の教育は、道徳を「本」、知識才芸を「末」として、「道徳ノ学ハ孔子ヲ主」とする方向に向かうべきであると述べる。また教学聖旨に付された「小学条目二件」は、「幼年生入校ノ始ニ」「忠孝ノ大義ヲ第一ニ脳髄ニ感覚セシメル」ことが必要であると述べる。以上のような元田の主張が、学制の啓蒙主義的な教育から徳育に中心を置く伝統的な儒教主義的教育への転換を求めていることは明らかである。近代学校教育がその歩みを開始して間もないときに、早くも「知育偏重徳育軽視」という教育批判の定型が現れたことは、わが国の学校教育を特徴づける出来事として記憶されるべきであろう。

　教学聖旨を内示された内務卿伊藤博文は、ただちに「教育議」を上奏して、これに反論した。元田はこれに対して「教育議附議」をもって反論したが、結局元田の主張は教育令に反映されることはなかった。しかし、自由民権運動の高揚期である1880(明治13)年12月に公布された「改正教育令」のときになると、その主張が道徳教育の内容と形態に大きな影響を与えるようになる。改正教育令は「修身」を全教科の筆頭教科とした。改正教育令の実施要領である「小学校教則綱領」(1881〈明治14〉年5月)は、小学校の修身科の時間数を初等科・中等科で毎週6時間、高等科で毎週3時間と規定し、時間数は学制期と比べて格段に増加した。また同年6月に出された「小学校教員心得」は、知育よりも徳育の重要性を強調し、忠孝の精神と愛国心の涵養を説いて、教師に対しても厳しい道徳性を要求した。そして、1883(明治16)年に発行された『小学修身書初等科之部』においては、欧米風の道徳はまったく姿を消し、教科書の内容は儒教道徳一色になったのである。

森文政と道徳教育

　1886（明治19）年の3月から4月にかけて、初代文部大臣森有礼（もりありのり）は一連の「学校令」を制定し、わが国の近代学校制度の基礎を確立した。この時代の道徳教育には、文相森の思想が強く反映されている。森は欧米の列強と伍しうるような近代国家の建設とそれを担う国民の育成とを課題として、国民教育の再構築に取り組んだ。「自他併立（へいりつ）の思想」から新しい社会の形成を企図する森にとって、縦の道徳を一面的に強調する元田流の儒教主義は受け入れられるものではなかった。彼は「今の世に孔孟の教を唱ふるは迂闊（うかつ）なり」と述べて儒教的徳育を否定し、小学校修身科における教科書の使用を禁止した。森はまた修身科という教科の教育に加えて、運動会、学校儀式、各種の訓練という学校の集団機能がもつ人間形成の面に着目した。森はこのような集団訓練を通じて、人びとの愛国心を育成しようとしたのである。

教育勅語と道徳教育

　学制期から森文政期までの文教政策の流れを見ると、それが安定を欠いたものであったことがわかる。徳育の主義に関しては、とくにそれが著しい。被仰出書の開明主義から元田の儒教主義へ、そして森による儒教主義の否定という流れの振幅は大きく、それが起因となって、徳育の主義・方針をめぐる「徳育論争」が明治10年代後半から20年代初めにかけて展開された。

　この論争の根底にあったのは、保守派の伝統的儒教主義と開明派の反儒教主義との対立であった。儒教主義者は儒教を基本とする国教を樹立すべきこと、すなわち政府が道徳・徳育の主義を国定して国民と教育者に与えるべきことを主張し、反儒教主義者は道徳・徳育の主義は国民や教育者が自ら選択決定すべきことを主張した。徳育をめぐる多様な論争の影響は、当時の教育の現場にも及んでいった。儒教主義者はこのような事態を、「徳育の混乱」と見た。森刺殺後の情勢の変化の中で、徳育をめぐる状況の混迷は徳育方針官定化を求める保守派に有利に作用し、教育勅語発布への道を開くことになったのである。

　教育勅語の作成は、1890（明治23）年2月の地方長官会議において提出された「徳育涵養ノ義ニ付建議」を契機に動き出す。帝国大学教授中村正直（まさなお）の文部省原案が先行し、それを批判するかたちで開明派官僚井上毅（こわし）と宮中保守派元

田永孚の「合作」による起草作業が進められた。同年10月、井上・元田案が裁可され、同月30日「教育ニ関スル勅語」として文部大臣に下付された。教育勅語はわが国の教育の淵源を、歴代天皇の「徳治」とそれに応える臣民の「忠孝」という、君臣の一体関係の成立、「国体ノ精華」に求め、この国体を継承発展させる任を負う臣民の守るべき徳目として、開明主義と儒教主義の立場から14項目の徳目を掲げている。教育勅語の思想の特徴は、天皇制国体論のうちに開明主義と伝統的儒教主義とを包摂・統合しようとした点にある。これによって維新以来の両者の対立に一応の決着がつけられ、戦前の学校教育の基本理念と道徳教育の方向が定まったのである。

　教育勅語は学校教育の場に学校儀式と教育内容の2つの面から浸透していった。1891（明治24）年6月、「小学校祝日大祭日儀式規程」が制定され、御真影の礼拝と勅語奉読とを主内容とする戦前の学校儀式の定型が成立した。同年11月には「小学校教則大綱」が制定され、修身科が教育勅語を教える教科であることが明確にされた。こうして「天皇制公教育」の形成が始まる。それは、天皇制国体論の思想を国民統合の基軸に据えて国民教育の枠組みを固め、その枠内でわが国の近代化・産業化のための人材を育成するという教育の構造を作り出していくのである。

修身教科書の国定化
　ここで教科書の歴史を振り返っておこう。森文政期の1886（明治19）年4月の「小学校令」において、教科書の検定制度が定められた。修身科も1891（明治24）年になると教科書を使用することとしたが、当初の修身科検定教科書は教育勅語の徳目解説といった趣で、内容的にも無味乾燥なものが多かった。1902（明治35）年「教科書疑獄事件」が発生し、これを直接の契機として、教科書は国定制度へと移行する。すなわち、1903（明治36）年4月の小学校令改正は、「小学校ノ教科用図書ハ文部省ニ於テ著作権ヲ有スルモノタルヘシ」と規定し、この規定に基づいて翌年4月から『尋常小学修身書』『高等小学修身書』が修身科の教科書として使用された。教科書はこの後、敗戦までの間に4回の改訂が行われることになる。

　次に教科書の内容に注目しよう。最初の国定教科書には拙速さが目立ってい

たが、第2期のそれは入念な準備のもとに発行され、天皇制国家主義の教科書としての完成度を高めている。とりわけ注目されるのが『国語読本』である。戦前の国語読本はたんなる国語教材を超えた「綜合読本」としての性格をもっており、修身的な教材も数多く見られる。その中のたとえば「楠木正行」は、忠臣・武将の側からの「忠孝一致」に関する教材であるし、「水兵の母」は、庶民・兵卒の側からの「孝忠近接」に関する教材である。これらの教材は、文体にリズムがあり、内容的にもよく練り上げられ、読者の感覚に即するための表現の情緒化の工夫も施されていた。教育勅語の思想を注入するための教材としては、生硬な修身書よりもよほど出来がよく、その思想はより確かなかたちで読者の心に浸透していったであろう。教育勅語は明治末になって、国民統合のための格好の教科書を手中にしたといえよう。

大正・昭和期の道徳教育

大正期には、欧米の新教育運動が紹介され、その影響のもとに児童中心・生活中心・個性尊重の新教育が展開された。これまでの学校教育批判に基づくこの運動の中心になったのは、都市部の私立学校や師範学校の付属学校であった。そこでは、与えられた国定教科書の内容を、画一的に注入し暗記させるという傾向の強かった従来の教授法を批判し、子ども一人ひとりの個性や自発性を尊重し、それを生かすような教授法の改革が試みられた。道徳教育に関しても、その生活化・心理化という観点からの取り組みが行われた。新教育は教科書中心の徳目主義的な修身教育を批判し、子どもの生活を中心に据えて、体験や実践指導を通じた人間形成、公民形成を重視した。しかしこの自由主義的教育運動は全国的広がりを獲得するまでには至らず、関東大震災以降厳しくなった教育の国家的支配のもとで、天皇制国家主義と妥協し、やがて衰退の道をたどるのである。

昭和に入ると、わが国は国家主義・軍国主義の傾向をさらに強め、1931（昭和6）年の満州事変を境に、戦争の時代に突入していった。1937（昭和12）年7月、日華事変が勃発し、日本と中国とが全面戦争に突入した事態の中で、同年12月「教育審議会」が設置され、「東亜新秩序」を担う国民の育成という観点から、学制改革の審議が進められた。1941（昭和16）年3月、教育審議会の答

申を受けて「国民学校令」が公布され、小学校は国民学校に改変された。国民学校の教育目的は、「皇国ノ道ニ則リテ初等普通教育ヲ施シ国民ノ基礎的錬成ヲ為ス」ことにあるとされた。

それでは「皇国ノ道」とはいかなるものか。それは「国家を離れた単なる個人的心意・性能の開発ではなく、我が国の道を体現するところの国民の育成」を目指すものであり（文部省『国体の本義』1937 年 3 月）、より具体的には、国家総力戦体制のもとで「命も金も名もいらぬ全く己れを滅した人間」として「天皇へ随順奉仕する」道なのである（文部省『臣民の道』1941 年 7 月）。1941（昭和 16）年から第 5 期国定修身書が使用された。修身書は、新教育運動の成果を大胆に取り入れ、子どもの生活と心理に即するための工夫を凝らしながら、少国民に超国家主義・軍国主義の思想を鼓吹した。こうして、国民学校の場は「皇国民錬成」のための「智徳相即心身一体ノ修錬道場」と化した。「戦フ少国民」としての子どもは、その「道場」において、皇国に身を捧げるための訓練に明け暮れて敗戦を迎えるのである。

2　戦後の道徳教育

新教育と道徳教育

1945（昭和 20）年 8 月ポツダム宣言の受諾を境にして、わが国の教育は再建の歩みを開始した。戦時教育は否定され、占領下において、新しい教育の原理が模索された。同年 10 月、連合国軍総司令部が発表した「日本教育制度ニ対スル管理政策」は、戦前の超国家主義的・軍国主義的教育の徹底的な解体を要求し、同年 12 月の指令は、修身・日本歴史・地理の 3 教科の授業停止を命じた。このうち修身を除く 2 教科の授業は翌年再開されるが、修身の授業の再開はついに許可されなかった。

1946（昭和 21）年 3 月、総司令部の要請を受けて来日した米国教育使節団が「報告書」を提出して帰国した後の 5 月から、文部省は『新教育指針』を発行して新しい教育の理論と方法を提案した。文部省は同じ 5 月に修身科停止後の道徳教育の空白を「公民教育」によって埋める方針を示しているが、これに続

く同年9月と10月には『国民学校公民教師用書』『中等学校青年学校公民教師用書』を発行した。そこでは、戦前の修身教育に対する批判をふまえて公民教育のあり方が提案されている。すなわち、従来の修身教育の欠点としてその観念性・画一性と「上から道徳を強ひるやうな命令的な指導」を行った点をあげ、今後の方向性を「変はって行く社会生活に適合して、被教育者に自由にしかも合理的に判断して社会に新しい秩序を作り上げる能力を養はしめる」ことに置いて、的確な社会認識とそれに基づく行為の育成の重要性を強調している。こうした公民教育についての考え方は、1947（昭和22）年度からの新学制による学校教育に継承された。道徳教育は「学校の教育活動全体」の中で行うべきものとされ、教科のかたちとしては新しく設けられた「社会科」の中に位置づけられた。

　占領下において出発した新教育は、講和条約の締結を控えた1950（昭和25）年になると早くも軌道修正を始める。米ソ対立の激化という国際情勢と国民生活の混乱・青少年犯罪の増大という状況のもとで文部大臣に就任した天野貞祐（ていゆう）は、第2次米国教育使節団帰国後の同年11月、道徳教育の振興についての天野構想を表明した。それは教育勅語に代わる新たな道徳基準の制定と、戦前の修身科に準じる道徳教科の新設を内容としていた。天野構想に対しては、賛否両論が激しく闘わされた。こうした状況のもとで、文部省は道徳教育の振興策を教育課程審議会に諮問し、審議会は翌年1月に「答申」を発表した。答申は、学校における道徳教育強化の必要性を認めながらも、文相の期待に反し「道徳教育振興の方法として、道徳教育を主体とする教科あるいは科目を設けることは望ましくない」とする見解を表明した。この答申を受けて文部省は同年4月から「道徳教育のための手引書要綱」を発表した。手引書要綱は道徳教育のあり方について「児童生徒の生活経験を尊重し、かれらの直面する現実的な問題の解決を通じて、道徳的な理解や態度を養う」問題解決方式を主張し、戦後の新教育の意義を再確認した。しかし、対日講和条約締結後の新たな情勢のもとで民族的自覚や愛国心涵養をめぐる議論が起きると、再び道徳教育強化を要求する動きが高まっていった。こうした中で、教育課程審議会は1957（昭和32）年11月に「道徳の時間」を特設する方針を決定し、翌年3月には「答申」を発表した。

「道徳の時間」の特設とその後の展開

　文部省は教育課程審議会の答申を受けて、1958（昭和33）年度から小・中学校において「道徳の時間」を特設することを決定した。同年8月には「学校教育法施行規則」の一部が改正され、教科とは異なる「道徳の時間」の法規上の位置が確定した。同8月には小・中学校の「学習指導要領　道徳編」が、9月には「道徳指導書」が発表されて、各教科や教科外活動における道徳教育を「補充・深化・統合」するものとしての位置づけが「道徳の時間」に与えられた。特設道徳の立場においても、修身教育批判が強調されているし、生活体験に基盤を置いた道徳性の自主的な形成という観点も重視されている。しかし一方で新教育の主張を容れながら、他方でこれまで否定されてきた特設道徳を実施することのねらいは、学習指導要領に記された内容項目を「道徳の時間」で取り上げて、道徳教育を組織的・計画的に行おうとすることにあったといってよいであろう。

　その後、学習指導要領はほぼ10年おきに改訂されるが、道徳教育の基本的考え方に大きな変更はなかった。1989（平成元）年の改訂では、道徳教育の「目標」の中に「生命に対する畏敬の念」が加わり、「内容」においては4つの視点のもとに内容項目を配置する構成がとられた。1998（平成10）年の改訂では、これまで第3章第1節に記されていた「目標」の前半部分が第1章総則の中に移された。2008（平成20）年の改訂では、第1章総則における目標規定に文言の修正があった。すなわち、これまで「道徳の時間をはじめとして」と表記されていた箇所が、「学校における道徳教育は、道徳の時間を要として学校の教育活動全体を通じて行うもの」と変更になった。「道徳の時間を要として」という文言を含む文は第3章第2節の冒頭部分にも置かれるようになり、こうした変更には「学校の教育活動全体を通じて」行われる道徳教育における「道徳の時間」の位置を明確にしようとする意図があったと見られる。この改訂ではまた、道徳教育を推進する存在として「道徳教育の推進を主に担当する教師」（道徳教育推進教師）を各学校に置くことが明示された。

　道徳の授業については、文部省の道徳担当の教科調査官が中心になって開発した指導過程が「基本型」とよばれて学校現場に浸透している。小・中学校の現場では、副読本の読み物資料を使った基本型の授業が広く実施されている

が、それとは異なる指導法として、アメリカのラス（Rath, L.E.）らが提唱した「価値の明確化」やコールバーグが開発した道徳授業などが紹介され、とくに後者は「モラルジレンマ授業」とよばれてかなり普及している。

　文部科学省は道徳教育の活性化のために、心理学的手法を取り入れた『心のノート』を作成し、2002（平成14）年から全国の小・中学校へ配布した。『心のノート』はその後の改訂を経て、読み物資料を大幅に取り入れた全面改訂が行われ、2014（平成26）年度から『私たちの道徳』という名称で全国の小・中学校に配布されている。

道徳の教科化

　この章の最後に、道徳の教科化について取り上げる。「道徳の時間」が1958（昭和33）年度に小・中学校の教育課程に位置づけられてからも、道徳を「教科に」という天野構想以来の考え方には根強いものがあり、前回の学習指導要領改訂時には教科化が正面から議論されることになった。結局このときには実現しなかったが、第2次安倍政権下の教育再生実行会議による第一次提言（2013〈平成25〉年2月）以降、教科化の流れが加速し、2017（平成29）年3月の学習指導要領改訂に先んじて、2015（平成27）年3月に道徳の教科化（「特別の教科　道徳」）が実現することになった。

　この流れにおいて注目されるのは、教科化に対する反対や批判に応えようとする記述が中教審答申などに見られることである。2014（平成26）年10月の中教審答申（「道徳に係る教育課程の改善等について」）には、たとえば「道徳教育をめぐっては、児童生徒に特定の価値観を押し付けようとするものではないかなどの批判が一部にある。しかしながら、道徳教育の本来の使命に鑑みれば、特定の価値観を押し付けたり、主体性をもたず言われるままに行動するよう指導したりすることは、道徳教育が目指す方向の対極にあるものと言わなければならない。むしろ、多様な価値観の、時に対立がある場合を含めて、誠実にそれらの価値に向き合い、道徳としての問題を考え続ける姿勢こそ道徳教育で養うべき基本的資質であると考えられる」とか、「人として生きる上で重要な様々な道徳的価値について、児童生徒が発達の段階に応じて学び、理解を深めるとともに、それを基にしながら、それぞれの人生において出会うであろう

多様で複雑な具体的事象に対し、一人一人が多角的に考え、判断し、適切に行動するための資質・能力を養うことを目指さなくてはならない」という記述がある。そしてこれらの記述を受けるかたちで、2015（平成27）年7月に文部科学省ホームページに発表された「小学校学習指導要領解説　特別の教科　道徳編」「中学校学習指導要領解説　特別の教科　道徳編」では、その冒頭において、学習指導要領一部改正の趣旨が、「発達の段階に応じ、答えが一つではない道徳的な課題を一人一人の児童（生徒）が自分自身の問題と捉え、向き合う『考える道徳』、『議論する道徳』へと転換を図るものである」と意味づけられているのである。

「考える道徳」「議論する道徳」への転換という方針は、「学習指導要領」の第1章「総則」における目標規定、第3章第1節「目標」における目標規定、第3章第2節「内容」における内容規定にも反映されている。詳しくは本書第5章で述べられるが、道徳教育の目標規定は、「道徳の時間」から「道徳科」へ、という変化に見合って大幅に変更されている。今後注目されるのは、道徳科の検定教科書がどのような内容になるか、そして小学校では2018（平成30）年度から中学校では2019年度からその教科書を使って全面実施される道徳科の教育がどのようなものとして実施されるか、という点である。今回の学習指導要領改訂の基本方針の1つは、「生きる力」の育成に向けて、児童生徒が「何を学ぶか」だけでなく、それを「どのように学ぶか」、その学びを通じて「何ができるようになるか」を教科横断的に重視するということであるが、検定教科書とそれを使用して行われる道徳科の教育が、この基本方針をきちんとふまえて展開されていくかどうか、この点が重要なことではないだろうか。

参考文献
色川大吉『明治の文化』岩波書店、1970年
宇佐美寛『「道徳」授業に何が出来るか』明治図書出版、1989年
海後宗臣『日本教科書大系 近代編』講談社、1961年
宮田丈夫『道徳教育資料集成』第一法規出版、1959年
吉田武男・相澤伸幸・柳沼良太『学校教育と道徳教育の創造』学文社、2010年

第 3 章

欧米の学校における道徳教育の現状

　キリスト教信仰の伝統のもとに発展してきた欧米の学校では、重要性を認識しながらも特別に道徳教育と銘打った教育は現在もほとんど行われていない。キリスト教信徒になることでキリスト教の倫理を身につければ十分であると考えるからである。この考えを土台に、1つはそれゆえに宗教教育を行う国々と、もう1つは従来からの政教分離の原則に基づき宗教教育ではなく公民ないし市民教育を行う国々とが生じる。しかしながら、どちらの形態をとるにせよ、今日の世界が学校教育に期待する道徳的課題、つまり、異質な人びと同士がお互いを尊重し合いながらともに生活できるようにするという課題を担っている点で違いはない。

　前者のタイプとしてイギリスとドイツ、後者のタイプとしてフランスとアメリカを例に、いずれの国も教育改革が進行中であるが、各国の対応状況を見てみよう。

1　イギリス（イングランド）の場合

1988年教育改革法

　「1988年教育改革法」により、公費維持学校における義務教育（5～16歳の11年間）のカリキュラムは、それまでの各地方教育当局（Local Education Authority: LEA）に代わり、イギリスの教育史上はじめて国が基準を定めることになった。「宗教教育（religious education）」と必修基礎教科目を基礎カリキュラムとして設定し、基準を明らかにしたのである。ただし、宗教教育については、特定宗派によらないキリスト教を原則とする「宗教教授（religious instruction）」としてすでに「1944年教育法」で唯一義務づけられていた。しか

もこのとき以来、また改革法のもとでも、宗教教育の具体的な指導要領に限っては、各 LEA が協定教授細目（Agreed Syllabus）を作成しなければならない。この間の経緯は、イギリスが宗教教育を一貫して国の重要事項と捉えてきたこと、また「宗教教育」は必修基礎教科目の場合と異なり、地域の特性や事情をとくに考慮せざるをえないことを示している。

　各 LEA が現在目指す宗教教育はキリスト教に導くためでもなく、またキリスト教を含む諸宗教の理解にとどまるようなものでもない。むしろそれは生徒の全面的発達を援助するような「教育的宗教教育」である。つまり、既存の社会とか一個人の趣向が必要とするからではなく、人間として成長する上で全生徒にとって不可欠な宗教教育である。それはまた「生きた信仰の学習を通して人生への反省的取り組み方を発達させ、その過程を豊かにする」教育であり、とくに個々人のスピリチュアリティという精神的次元とその発達を重視する（柴沼晶子・新井浅浩）。現実には全学集会（全体礼拝）、学年別、クラス別の3形態で行われ、他宗教に対する配慮もなされている。またキリスト教の理念上、宗教教育は日々起こる社会階層、ジェンダー、エスニック集団等をめぐる諸問題についても目をそらすわけにはいかない。

宗教教育以外の道徳教育（PSHE 教育・シティズンシップ教育）
　一方、関わる問題領域の広大さゆえに宗教教育本来の意義がかえって失われていると指摘し、宗教教育とは別に理性的に対処できる能力の強化を図る道徳教育を推進すべき、とする活動も行われている。その例としては、ウィルソン（Wilson, J.）の道徳的思考様式育成のためのカリキュラムや、学校評議会の中等学校用道徳教育プログラムである「ライフライン計画」等の試みがある。これらはいずれも民族や宗教の枠を越え、特定のイデオロギーにも与せず共通の道徳的価値として民主的諸価値を志向する。また授業は注入的ではなく、生徒の理性的な自主性を発達させる具体的な学習プログラムとして他の教科に組み入れて行われる。そのため、すべてが訓示的教科になってしまう危険性もあるが、道徳教育の時間を特設しようとはしない。

　このような理性的対応を本旨とした道徳教育のさまざまな試みは、2002 年の国のカリキュラム改訂で「PSHE 教育（personal, social, health and economic education)」と「シティズンシップ教育」というかたちをとることになる。前者「PSHE 教育」は「宗教教育」と同様、必修ではあるが基礎教科目とは別扱いの科目として初等教育段階から始められる。ただし具体的な指導要領は各学校に委ねられ、教科横断的科目として後者「シティズンシップ教育」の基礎的スキルの習得が主たる到達目標とされる。他方、この「シティズンシップ教育」は国家・社会統合的観点の強化により必修基礎教科目となる。そして統合の中核価値をめぐり、「イギリス人らしさ（Britishness）」という国民意識（national identity）まで論じられたが、結局、上記の理性的な道徳教育と同様、民主的価値が中核価値となる。この教科は、11 歳からの中等教育段階が対象である。

　イギリスの学校および社会の特徴は自主性を尊重し、画一的でないボランタリーな活動を応援する点にある。とくに各学校は内容が多岐にわたる「PSHE 教育」において、先の理性的な道徳教育の試みをはじめ、トピック学習という名の総合学習や性・健康・環境等の今日的問題に関する学習をさらに展開したり、カウンセリングにあたるパストラル・ケア（pastoral care）の用意や学内外の諸活動への積極的参加の奨励と肯定的評価を怠らない等々、それぞれ独自性を競い合っている。

2　ドイツの場合

正科としての宗教教授

　「ドイツ連邦共和国基本法」は、教科のうち「宗教教授（Religionsunterricht）」のみを原則として公立学校で教えるべき「正科」と規定している。また「すべての学校制度は国家の監督下にある」としながらも、連邦制国家なので、とくに初等・中等教育の権限は、州憲法を有し州文部大臣を擁する各州の自治に委ねられており、このような「宗教科」の扱いは特別である。その具体的なカリキュラムは各州単位となるが、6 歳から 9 ～ 10 年の義務教育年限を通じて週 2 ないし 3 時間の授業を行うことは、ほぼ全国共通である。しかし学習指導要領（Lehrplan; Bildungsplan）、教科書、教材、教師の選任等についてはすべて教会

が関与する。基本法が宗教教授は「宗教団体の教義に従って行われる」と規定しており、実際の授業は宗派別で行われるからである。

　一般的にはカトリックとプロテスタント（通称、福音主義）に分かれるが、その選択はまた、基本法が保障する「教育権者」としての親に決定権がある。教授内容は両派ともに聖書の内容や歴史、教会、教理問答（カテキズム）等の学習を通じてよきキリスト教徒に育てようとする。たとえば、子どもたちの日常的な争いのような道徳一般に関する主題でも、聖書の中の話と必ず関連させて扱う。しかしまた宗派や宗教の違いを認め合う宗教的寛容は確立している。宗教上の少数派の宗教教育を積極的に支援する州もある。

　最近、「宗教科」の授業に参加しない中等教育後期の生徒に対して「倫理に相当する科目」を必修にする州が増えている。しかし、この傾向を、ドイツにおける宗教教育の行き詰まりから宗教にふれない道徳教育への転換が図られているとみなすことはいささか早計であろう。宗教が異なる者、自己自身の判断で信仰告白や堅信礼に臨む年齢に達した者、あるいは旧東ドイツの無宗派家庭の子どもたちが対象となっているからである。

社会的学習・事実教授、ヨーロッパ市民教育など
　しかし、道徳教育を「宗教科」にのみ任せているわけではない。たとえば、特定の教科としてではなく学校生活の全領域に組み込まれるべきとした「社会的学習（Sozialeslernen）」がある。それは当初アメリカで注目された顕在的／明示的（overt/manifest）カリキュラムに対する潜在的／隠れたカリキュラム（latent/hidden curriculum）のもつ特徴を逆に役立てようとしたものである。この他にも、どのような時代環境に置かれているかを生徒自身が間主体的に理解するために、初等教育では事物と経験を通じて科学的に捉える「事実教授（Sachunterricht）」、また中等教育では人生や生活を視点に入れた地理、歴史、経済等の科目、あるいは「労働科（Arbeitslehre）」が用意されている。

　このような「宗教科」によらない道徳教育は多分に公民教育的性格を有しているが、国家としての統合意識をもたせる意味合いは薄い。自民族中心主義が招いた特殊な歴史体験への反省ということもあろうが、ドイツが非集権的な連邦制をとっていること、またEU（European Union：ヨーロッパ連合）の安定と

発展を図る主要な牽引役を一構成国として担っているという自負もその背景にあると思われる。したがって公民教育的道徳教育は、国家統合のためというより「ヨーロッパ市民性教育」として「ヨーロッパ市民」の育成を目指すものとなる。「授業の中のヨーロッパ（Europa im Unterricht）」（1978年）から「学校の中のヨーロッパ教育（Europabildung in der Schule）」（2008年）への全州文部大臣常設会議（KMK: Kultusministerkonferenz 1948年～）の方針大転換にともない、具体的な学校改革が展開中である。とくに宗教が種々異なる家庭の生徒が多数を占める地域の学校では、歴史、美術、宗教の3教科合科の授業や、たとえば「プロテスタント的責任を基礎とするすべての人のための宗教」という単元をプロテスタントの宗教の時間に実施するなど、宗教教育も公民教育的道徳教育もその間に壁を設けない多様な試みがなされている（久野弘幸）。

3　フランスの場合

世俗化（非宗教化）された公教育

　1880年代に宗教教育を学校の外に押し出して公教育における世俗性（laïcité ライシテ）の実現を成し遂げたフランスでは、その後、個人の思想や良心など内面の自由に関わる人格形成ないし徳育（éducation）は親や教会や地域社会が、他方、客観的知識や技術の伝授を内容とする知育（instruction）は学校が担う、という役割分担をしてきた。教会礼拝日である日曜以外にもう1日ある休業日（通常水曜日）に、信徒である親たちの有志が地域の子どもを集めてキリスト教を教える情景は今なお見受けられる。またキリスト教倫理に限らず、家庭がéducationの機能を依然として果たしている面も看過できない。

「公民教育」（citoyen シトワイヤン＝公民・市民）

　一方、学校は個々人の内面に立入ることなく、国民国家の一員として必要な、革命期以来のフランスの共和主義の歴史的伝統と理念（民主主義、自由、平等、博愛、基本的人権等）を知識として伝える「公民（＝市民）教育（instruction civique）」を行ってきた。

他方、今日もなお改善途上にある学校教育に関係する問題も山積みである。このような状況の打開に先鞭をつけたのは、生徒の自主的・自発的活動を促すという教育の大前提に立った次の2つの改革である。初等・中等教育については通称アビ改革（1975年）、そして就学前、高等、さらに継続・生涯教育が加わった「1989年教育基本法（ジョスパン法）」である。両改革の画期的な点は、生徒・学生を中心に据え、彼らすべての成功を保証する教育を目指している点にある。

学校は従来の役割区分を外し、親、地域社会、企業などにも生徒・学生の教育に必要な協力を依頼する。また彼らすべての成功に不可欠な条件として「民主主義制度の理解とともに、社会生活および個人生活のさまざまな領域において責任感を自覚する」市民の育成を図る公民教育を重視する。学校教育全般、なかでも公民教育はたんに知識を伝える instruction にとどまっているわけにはいかない。ジョスパン法より4年さかのぼるが、「公民（＝市民）教育」が強化策として一教科となった1985年以来、éducation civique とよばれるに至っている。

その後、教科とは別に教科横断型の領域として「人権教育」、そしてこれを吸収した「市民性教育（l'éducation à la citoyenneté）」（1996年）が「生徒を社会化させる」といった実践面重視の教育として誕生する。さらにカリキュラム改訂は進み、場面設定がより身近で実際的な、道徳教育との連携体制をとることになる。教科領域を示す名称は、「公民・道徳教育」（2008年）、そして「道徳・公民教育」（2014年）である。いずれの「道徳教育」も「公民（＝市民）教育」抜きの、単独の登場とはなっていない。

フランス国民としての市民性

「公民（＝市民）教育」が求める市民性はフランス国民としての市民性、すなわち国家・国民の統合と切り離せない市民性である。それはまた国内の異文化・移民とだけでなく、「拡大EC（European Community：ヨーロッパ共同体）」（1973年）を経たEU（1993年〜）時代のヨーロッパ社会との共存を図る市民性である。そしてこの課題に応える鍵は、やはり市民性の中核であり続けてきた共和国の理念と公教育の世俗性理念の並立を措いて他にはない。ともに個人

より社会全体の利益を遵守するという市民の合意(「一般意思 volonté générale」)のもとに自ら獲得した理念であり、他国の範型となったことでは普遍性や啓蒙性が付されても不思議ではない理念である。

このような理念を統合・共存の基盤とする国としては、たとえ個人的な自由として許される市民性(個人の信仰など)でも、それが異文化の帰属意識の主張(既存の宗教など)につながるとみなされる場合は公的学校では認められない。また異文化に対して権利を平等に与える米英の多文化主義の立場には立たない。それは与えられた平等な権利を根拠に他の文化に対して排他的になりやすく、望ましい共存を実現しえないと見る。他方、理念を並立させる統合理論(「統合高等審議会」1990年)に立ってのフランスの多文化主義は、異文化に限らずすべての文化の自由を公的・政治的空間との切り離しによって保障する。その結果、文化間に親密な関係が生じる。つまり実質的な多文化共存が得られるとする。しかし自国中心、すなわちナショナリズム優先と取られてもやむをえない。

これを批判することは容易である。たしかに「ヨーロッパ市民」は育っている。しかし全体として世界は、主権国家の枠組みの中での国家・国民の統合をめぐる論議から脱することができない。フランスだけの問題ではない。

4 アメリカの場合

市民的資質の育成

独立革命によって信教の自由のもとに政教分離の原則を確立し、地方分権と住民自治を基本とした人民主権の民主主義を築いてきたアメリカでは、公立学校における宗教教育あるいは宗教・宗派的道徳教育は認められていない。これに代わる世俗的道徳教育は、社会科(social studies)や公民科(civics)を通じての市民的資質(citizenship)の育成という意味での公民教育(citizenship education)として行われている。

初等・中等教育の権限のほとんどが連邦政府にではなく州と地方学区にあるので、公民教育は住民の意思を強く反映したものとなる。しかし教育における

優秀さ（excellence）と平等（equality）の維持拡大は、民主主義の最先進国として、また政治・経済・軍事の超大国として、ともに重要な国家的課題である。

最近の改革案

　一方、全米対象の世論調査によれば、学校問題の第1位は優秀さへの配慮不足ではなく規律（discipline）の欠如である。また住民の過半数が道徳教育を学校に期待する。あらためて道徳的意識の向上を図る公民教育の改革案が種々示され実行に移される。しかし改革諸案は、プロセス自体か、それとも成果とその活用を重視するかの違いから大きく2つに分かれる。

　第1のプロセス自体が重要となる改革案は、いずれも市民的資質の中に地球人としての自覚という観点を導入しているが、具体的には、①学習者自身の道徳的判断に依拠しつつ道徳性の発達段階を明らかにしたコールバーグらによる理論と方法の開発。②道徳性や市民性の育成を価値観形成の教育と捉え、学習者自身による「価値の明確化（values clarification：価値の定義づけよりも価値を明確化する過程を重視し、この過程をたどること）」を促す手順の具体的な解明。③その他として潜在的カリキュラムへの注意の喚起、あるいは、あるテーマについて討議をする「子どものための哲学（Philosophy for Children: P4C）」等、が注目される。

　第2の改革案は、レーガン以降の大統領および連邦教育省の先導もあり、活動範囲を大きく広げている「キャラクター・エデュケーション（character education：「人格教育」の邦訳あり）」である。核となる諸価値（core values）を普遍的なものとして提示し、それらの価値の内面化を図るという伝統的な立場に立つが、さらに実践的な行動につながる具体的プログラム化も欠かさない。価値観形成のプロセスが成立しない生徒・学校・地域の事情、しかし規律や秩序の回復は緊急の課題という実情が、この改革案拡大の要因といえる。

見晴らしの共有・道徳性の創造

　ところで、今日のアメリカはWASP（White Angro-Saxon Protestants）を支える価値のもと、全国民のアメリカ化を図る「人種・民族のるつぼ（melting pot）」を是とはしない。先住民をはじめ個々の民族・文化をあるがままに認め

る「サラダボウル (salad bowl)」を目指す。したがって、特定の価値の教え込み (indoctrination) や銘記づけ (inculcation) は避けねばならない。

多様な個々人の価値判断を差別なく認めることに始まり、そのような相対的な価値状況からいかにして共通な価値を見いだし確立していくか。このような展望のもとでは、共通と思われてきた既存の価値の妥当性をあらためて問うこともあろう。また共通な価値の確立には至らなくとも、人間関係の具体的な葛藤とその到達点である一定の見晴らしの共有 (Loukes, H.) は、道徳性の創造（河合隼雄）の過程ともいえる。即効力のある character education と道徳性の創造の過程との良好な関係の成立が期待される。

5 日本への示唆

欧米諸国のうち取り上げた英・独・仏・米の4ヶ国は、学校教育での道徳教育の扱い方は各様であるが、キリスト教という宗教の基礎の上に道徳を位置づけるという考えで共通している。このような位置づけがなぜ受け入れられているかは、道徳の意義と問題性を明らかにする上で十分考察されてよい。この考察は当然宗教の意義と問題性を明らかにする。日本では道徳と宗教との関係はいっさい問われない。各々が自己完結的に自らの意義を説き、受容を迫る。両者とも個々人の生と人類の共存を問題にしているにもかかわらず、である。

4ヶ国いずれも道徳教育の時間を特設していないのも、学校の内と外の違いはあれ、宗教に接する機会が子どものために用意されていることが理由の1つであろう。しかし、宗教教育だけでは対応しきれない部分が、国民としての道徳性つまり市民的資質の育成という課題であり、公民教育がその任を負う。

一方、国家・国民統合の基盤としての民主主義が脆弱であり、宗教的倫理にさえ接する共通基盤がない日本では、国民教育的性格を多分に有した道徳教育が特設されている。公民教育の問題性は、この国民教育的性格のあり方、つまり国内・国外を問わぬ多民族・多文化との共存と国家・国民の統合という2つの課題の折り合いのつけ方にある。

宗教教育と公民教育を2本の柱としながらも、両者をつなぐ道徳意識のいっそうの向上を図るために、欧米4ヶ国だけを見ても道徳教育の内容および方法の検討と改革が具体的かつ積極的に行われている。学習者自身による、学習者自身のための、学習者中心の改革である。しかも、道徳的公民教育は徹底して理性的な能力を育成し、共通の理解に達しようと努める。当然、自国語だけでなく近隣諸国の言語教育が重視される。心情や感動で終始するのでなく、「本当にわかる」ためには時間がかかって当たり前の道徳教育が日本に求められる（佐伯胖）。

　宗教教育はスピリチュアリティというきわめて個人的（personal）な精神的次元に関わるが、道徳的公民教育においても学習者が理性的に共通の理解に達するためには、個人的（personal）な承認が必須の条件である。個人をたんにindividualと捉えるならば多文化主義に立つ考えは成り立たない。今日では民主主義も多数決原理にのみ頼るわけにはいかない。また英・独・米における教育、とくに宗教ないし公民教育には非集権的な対応が認められている。フランスでも文化的独自性に基づく地域の発言力はけっして小さくはない。いずれにしても、パーソナルな個人の尊重を大前提とするがゆえに、多難な道徳教育成立の模索にわが国も加われるかどうかが問われている。

参考文献
ウィルソン，J. 監修、押谷由夫・伴恒信編訳『世界の道徳教育』玉川大学出版部、2002年
河合隼雄「子どもの倫理と道徳性」（岩波講座 教育の方法9）岩波書店、1987年
久野弘幸「学校におけるヨーロッパ市民の育成――ドイツの事例から」近藤孝弘編『統合ヨーロッパの市民性教育』名古屋大学出版会、2013年
小林順子編『21世紀を展望するフランス教育改革――1989年教育基本法の論理と展開』東信堂、1997年
佐伯胖『「学び」の構造』東洋館出版、1975年
宗教教育研究会編『宗教を考える教育』教文館、2010年
「諸外国における道徳教育の状況」（新井浅浩、藤井穂高、柳沼良太）『季刊教育法』No.185、エイデル研究所、2015年
西村正登「アメリカ道徳教育三大潮流の比較研究」『東アジア研究』8、山口大学大学院東アジア研究科、2010年

日本比較教育学会編『比較教育学研究』(旧『比較教育学』) 14 (1988)、16〜19 (1990〜93)、21〜24 (1995〜98)、26 (2000)、33〜37 (2006〜08)、39〜54 (2009〜17)、内、21 (柴沼晶子・新井浅浩)、40 (高橋洋行)、50 (杉田かおり)、東信堂

Loukes, H., *Teenage Morality*, SCM Press, 1973

第4章

道徳性の発達理論

　道徳教育を考える上でどうしても必要になるのは、子どもたちがどのようにして道徳的にふるまうことができるようになるのか、そのプロセス（道徳性の発達）を理解することである。とはいえ、道徳的にふるまうとは、たんに道徳的に正しいことを理解・判断するだけでなく、それを意欲し、行為に至ることである。このプロセス全体を記述することは、けっしてたやすいことではない。本章では、確定的な道徳性の発達理論がいまだ存在しないことに留意しつつ、そのプロセスについてどのように考えられてきたのか、とくに他律から自律へという道徳性の発達段階の捉え方をめぐってどのように議論が展開されてきたのかをたどることにする。なお、ここでは暫定的に、道徳性を「正しく行為できる能力」と定義しておきたい。

1　他律から自律へという発達段階説の端緒

カントの考える自律

　人間精神の発達を法則性に基づいて理解しようとする試みは、プレイヤー『児童の精神』（1882年）に始まると考えられる。そうであるならば、道徳性の発達についても、これ以降の発達心理学の展開のもとで理解する必要があるだろう。しかし、道徳性そのものについては、それ以前から論じられてきた。その代表的なものがカント（Kant, I.）の道徳論である。カントは、人間の意志が「自分の全信条を通じて普遍的に法則を立法する意志である、という原理」を「意志の自律の原理」とよび、それ以外の原理に従うことを「意志の他律」としている（『人倫の形而上学の基礎づけ』）。それゆえ、自律とは自らの意志が生み出す法則によってのみ規定されることであり、他律とは自らの意志以外の何か

（意志の対象など）に依存する法則に規定されることになる。カント自身は意志の自律と他律を、道徳性の発達段階として論じているわけではないが、この区別がのちに、道徳性を他律から自律へと発達するものとして理解する視点を用意することになったのである。

ピアジェの発達段階説

　他律から自律へという考え方を発達心理学の立場からより強固にしたのがピアジェ（Piaget, J.）であった。道徳性が正しく行為できる能力であるとすれば、その能力全体の発達を心理学的に解明することは困難である。ピアジェはこの困難を回避するために、すべての道徳が規則の体系から成り立つという仮説を設け、道徳性の発達を規則の体系に対する尊敬の度合いの変化から測ろうとした。具体的には「マーブル・ゲーム」のうち「方形ゲーム」の規則に対する子どもたちのふるまいを観察することにしたのである。「方形ゲーム」とは地面に四角を描き、そこにいくつかのマーブルを置いた上で、外側からマーブルを投げ当てて四角から外に出すというゲームである。ピアジェは、このゲームを行う子どもたちが規則に対してどのようにふるまうかに応じて、運動的・個人的段階（～2歳）、自己中心的段階（2～7、8歳）、初期協同の段階（7、8～11、12歳）、規則の制定化の段階（11、12歳～）の4段階を見いだした。運動的・個人的段階においては規則の存在が理解されず、ただ欲求に従ってマーブルで遊んでいるにすぎない。自己中心的段階になると、規則の存在を理解することはでき、それを使って遊ぼうとするが、自己中心性が強いため、ゲームとしては成立しない（たとえば、マーブル同士を当てて遊ぶゲームであることは理解できているので、マーブルを当てて遊ぼうとするが、勝敗はそれとは別と考える、など）。それゆえ、社会的材料を使って個人的に遊ぶ段階ともいわれる。初期協同の段階になると、規則の存在を理解し、そのもとで遊ぼうとするが、まだ自己中心性が残っているため衝突も生じる。そして、規則の制定化の段階に達すると、規則の存在を理解し、そのもとで遊ぶだけでなく、自分たちの合意のもとで規則を改変することもできるようになる。

　こうした規則に対するふるまいの違いから、ピアジェは規則に対する意識について、無意識的受容の段階（～4歳）、規則＝永続的で神聖な法則の段階（4

〜9歳)、規則＝相互同意の法則の段階（10歳〜）の３つの段階を見いだした。
　無意識的受容の段階では、子どもたちは規則の存在そのものを十分に理解せずに無意識的に受け入れている。規則の存在を理解するようになると、まずはそれを永続的で神聖な法則として受け取る。つまり、規則は与えられたときから将来にわたって変化するものではないし、さらに変えてもならないと認識する段階に入る。彼はこの段階を「客観的責任の段階」とよんだ。この段階では、自らの行為の根拠が他の人から与えられた規則であるので、行為の責任は客観（他者）にあると考えることになる。しかし、10歳頃を境として、「主観的責任の段階」に至る。この段階では規則がお互いの同意の上で作られるものであると認識されるようになる。すると、規則は変わりうるものと理解されるだけでなく、合意した上で規則を制定しているわけであるから、規則に従って行為することも自らの意志に基づくものと理解され、その結果、行為の責任は主観（自分）にあると考えるようになるのである。また、ピアジェはこうした客観的責任から主観的責任への移行を不可逆的なものと考えていた。
　これらをふまえて、ピアジェは道徳性の発達について、まず拘束（他律）の道徳があり、それが発展して協同（自律）の道徳が現れると考えた。しかし、先に述べたように、彼の道徳性の発達段階説は、規則の体系への尊敬の度合いの変化に基づいて導かれたものである。そのためピアジェ自身も、他律、自律といった言葉では、総体的な発達段階を語ることはできないことを認めていた。このことを確認した上で、さらに、他律から自律へという発達段階説をたどることにする。

2　他律から自律へという発達段階説の展開

コールバーグの発達段階説
　ピアジェの発達段階説を継承・発展させたコールバーグ（Kohlberg, L.）は、ピアジェと同様に道徳性を総体的に捉えることは困難であると認めた上で、道徳的認知構造の変容を道徳性の発達段階として捉えようとする。すなわち、道徳的な場面において道徳的判断が下されるプロセスを道徳的認知構造として捉

え、道徳的判断における、他者の視点に立つという役割取得、それにともなって生じる道徳的葛藤とその均衡化によって、道徳的認知構造が変容していくと考えた。そして、以下の3水準6段階の発達段階説を示している。

　第1水準　前慣習的水準
　　第1段階：服従と罰への志向
　　第2段階：素朴な自己中心的志向
　第2水準　慣習的水準
　　第3段階：よい子への志向
　　第4段階：権威と社会秩序維持への志向
　第3水準　原理的（脱慣習的）水準
　　第5段階：契約的遵法への志向
　　第6段階：良心または原理への志向

　水準は、道徳的判断が社会規範とどのように関係づけられているかの違いによって区分される。第1水準の前慣習的水準では、社会規範と関わりなく、当該の場面に関係する人の利害から判断しようとする。第2水準の慣習的水準では社会規範に準拠しつつ道徳的判断を下そうとする。ここでの慣習とは、特定の社会の中で正しいこととして繰り返し行われ、共有されていることを意味している。そして、第3水準の原理的（脱慣習的）水準では、特定の社会規範に限定されることなく、正義の原理に基づいて判断がなされる。
　第1段階はピアジェの客観的責任の段階とほぼ同様であるが、罰によって何が悪いかが明らかになると考える段階である。第2段階では役割取得の能力が芽生えてきて、他者も自分と同じように道徳的判断を下すことを理解し、さらにその判断は自分も他者も平等で公平であると認識するようになる。ただ、社会規範に照らして考えられているわけではなく、一人ひとりが自分の利益に基づいた判断に従って行為してよいと考えているので、他者の害悪を最小限にとどめ、自分の利益が最大になるように行為しようと判断するにとどまる（たとえば、テストでカンニングをしても誰にも迷惑がかからないから正しい、など）。
　第3段階になると社会全体の利益を考慮するようになる。そのため、この段

階においては、集団や社会の一員として望まれる行為を選択することが道徳的判断の基準になるので、集団や社会の中で信頼を失うような行為は悪いものとみなされる。とはいえ、集団や社会の一般的な他者ではなく、特定の他者（たとえば、親、教師、友人など）が期待していると考える行為を正しいと判断するにすぎない。それゆえ、その特定の他者から見て「よい子」であろうとするのである。第4段階では、集団や社会の一般的な他者へと視点を移すことができるようになる。すなわち、集団や社会のシステムや制度といった視点に立って道徳的判断を下すことができるようになるのである。しかしながら、この段階においては、既存の社会が是認されている。それゆえ、たとえば既存の社会が人権を侵害するような場合、この段階にとどまっていることは道徳的には不十分である、とコールバーグは考えていたのである。

　第4段階までで社会を生きる大人としてふるまうことは可能となるが、上述のように、自分の所属する集団や社会の規範では扱うことができない課題に向き合ったときには、道徳的葛藤に逢着することになる。そして、その均衡化に向けた1つの方略が、社会契約として道徳的判断を基礎づけることであり、それが第5段階である。そして、社会契約による解決がいかにして正当でありうるのかを考えるのが第6段階である。この段階では、すべての人がすべての他者の視点に立って考えることができると想定し、そのもとで同意したものが正当であると考える。これはロールズ（Rawls, J.B.）のいう「無知のベール」のもとでの「原初状態」における決定にほかならず、それゆえ、第5、第6段階は正義の原理に基づいているといわれるのである。

　さて、ピアジェは発達段階ごとに年齢段階を明らかにしていた。コールバーグもまた、役割取得と道徳的葛藤を経験するための「ハインツのジレンマ」を用いてそれに対する態度のとり方を調査したが、十分なものではなかったため、補完調査が行われた結果、以下の年齢段階が示されるに至っている。第1段階は5歳から8歳頃まで、第2段階は7、8歳頃から12歳頃まで、第3段階は青年期初期から成人に達するまでに現れる。第4段階は青年期中期頃から現れ始め、18歳頃から成人になるまでの間に多く現れるが、この段階が最高段階となる人もいる。そして、第5、第6段階については必ずしも実証的な検証がなされてはいないが、コールバーグは第5段階でさえ、20代中頃までに達

することは稀であると指摘している。なぜ第5、第6段階に至りがたいのかについては、他律から自律へという発達段階説に対する批判を含めて、次節で取り組むことにする。

3　他律から自律へという発達段階説に対する批判

ブルによる段階説への批判

　ブル（Bull, N.）は、ピアジェの発達段階説について他律の捉え方が不十分であると批判して、発達段階が段階であるだけでなくレベルでもあることを指摘し、他律は私たちにとって生涯にわたって道徳的判断の根拠の1つになっていることを明らかにした。つまり、他律が自律へと不可逆的に置き換わるのではなく、道徳的判断の根拠が他律から自律へと比重を移していくものの、その層（レベル）は重なっていると捉えたのである。

　ブルは、道徳的判断の根拠となるものとして、道徳以前（アノミー）、外的道徳（他律）、外―内的道徳（社会律）、内的道徳（自律）の4つの段階（レベル）を示している。アノミーの段階は自然的な快／不快の感情に支配されているが、外的道徳の段階になると、外から与えられる規則、強制、抑制に従うことになり、処罰やそれへの恐怖、賞賛が善悪の基準となる。ただ、ブルは他律によって行為が規制されるにとどまってしまうのは道徳的ではないとする一方で、他律の段階を適切に経験しなければ、自律の段階に達しないとも考えていた。というのも、彼は、道徳性の発達を自然的発達のプロセスとして捉えてはいないため、何らかの法則性や論理、価値観に従って行為することの重要性を他律の段階で経験することが重要であるとみなしているからである。そして他律と自律を架橋する上で、外―内的道徳の段階が重要になる。「社会律」ともよばれているように、集団や社会の存在が鍵となる。集団や社会の規則に従うことは外的道徳の段階にとどまっているといえるが、それらを守らなければならないと動機づけるのは罰や強制ではなく、その集団や社会の一員であるという自覚にほかならない。それゆえ、この段階では「人にしてもらいたいと思うことを、人にもしなさい」（ルカによる福音書　6: 31）という「黄金律」に象徴

される相互性が重視され、それは、他律的な側面と自律的な側面が共存している状態であるといえる。そして、内的道徳の段階として、彼は、幼年期の家族的絆(きずな)から独立すること（感情的自律）、内なる規則を発達させ、すでに受け入れていた規則を再吟味し、外的道徳から内的道徳への転換を図ること（理性的自律）、内なる規則を現実に適応させるため、自己自身による自己賞賛と自己非難に基づいて判断し、行為すること（行動的自律）、の3つの側面から自律を捉えている。

　彼は、9歳頃から13歳頃までを中間期とよび、この中間期の前では他律が道徳的判断の主要な根拠となるのに対して、中間期には相互性へと、そして中間期を経た後には自律へと比重が移っていくことを示している。しかしその移行は、それぞれのレベルが持続的に道徳的判断に作用しているために、年齢段階による固定的な発達段階としてではなく、可逆的なプロセスとして受け取られるものである。

ギリガンらによる発達段階説の価値依存性の指摘

　ギリガン（Gilligan, C.）は、コールバーグの発達段階説が道徳的判断という一面的なものでしかなく、かつては女性と結びつけて考えられてきた共感や感情が欠落していると批判している。彼女は、男性が自律へ向けて他者から分離する傾向を示すのに対して、女性は他者と関係をもつことを志向し続けると特徴づける。こうした女性の特性は、コールバーグの発達段階説に従うと、第3段階にとどまっていると理解されることになるが、ギリガンは、女性の道徳性の発達がコールバーグの考える発達段階の中に組み込まれるものではなく、別の道徳性の発達を示していると考えた。コールバーグの道徳性の発達段階説が正義の原理に基づくとすれば、ギリガンのそれは配慮（ケア）と責任に基づく。このように、彼女は男女の性差から別種の発達段階が成立すると指摘しているわけだが、これは必ずしも性差の問題にとどまるわけではなく、価値観の違いとして受け取られるものでもある。つまり、正義の原理のもとでは私たちは世界から独立・自立したものとして扱われるが、配慮と責任のもとでは私たちは人と人との関係の中で捉えられることになるのである。

　ギリガンの趣旨は、男女の性差に基づいてコールバーグの発達段階説とは異

なる発達段階の可能性を示すことにあったと考えられる。ここから示唆されるのは、道徳性の発達段階説が特定の価値観に依存する側面があるということである。ギリガンによる批判だけでなく、コールバーグの発達段階説に対しては、第5、第6段階が正義の原理に基づいていることから、自由主義的なイデオロギーを前提としているとする批判もある。このことは、道徳が特定の社会で共有されている価値に依存するものであるがゆえに、その道徳をいかに獲得するのかを示す道徳性の発達理論もまた、何らかの特定の価値に依存することを示しているといえる。先に第5、第6段階に達することが難しいと指摘したが、それは、これらの段階が正義の原理という特定の価値のもとで理想とされる人間のありようを前提として組み立てられているからである。

アフォーダンス理論、進化心理学、脳科学からの批判

　ピアジェもコールバーグも、さらにピアジェを批判したブルもまた、道徳性の発達を道徳的認知の問題として捉えていた。ギリガンはそれに共感や感情といった視点を提供したが、彼らに共通しているのは、行為を導くのが認知や感情であるとする二元論に立脚していることである。道徳性が道徳的行為を基礎づけるものならば、行為やその行為を支える身体の問題と切り離すことができず、したがって二元論に立脚するかぎり、道徳性を十分に捉えることはできないはずである。

　二元論を批判して「アフォーダンス理論」を唱えたギブソン（Gibson, J.J.）は、そのつどの対象との関わりにおいて、その対象が私たちにその意味をアフォードする（＝提供する）と主張している。既定の意味に左右されることなく、そのつどの関わりにおいて私たちはその意味を見いだすと考えてよい。別言すれば、「意味が交渉によってつくられる」（レイヴ＆ウェンガー）といってもよいだろう。つまり、私たちの行為の意味や対象との関わり方は、そのつどの状況において決定される、あるいはそのつどの文脈に埋め込まれていると考えられる。道徳についても同様で、それは文脈の中でしか見いだされないのだから、ある行為が正当かどうかはその行為と環境との関わりの中でそのつど理解されることになる。さらに、私たちが対象の意味をそのつどの行為において見いだしているとすれば、思考が行為に先行することを前提としてきたこれま

での道徳性の発達理論とはまったく異なる道徳性の理解が必要になることにも留意しておきたい。

そして、ピアジェの発達段階説に対して、近年では進化心理学からも批判がなされている。トマセロ（Tomasello, M.）は、私たち人間は生後9ヶ月頃から他者の行為の目的や意図などを理解できるようになり、それをもとに協力的な関係を構築しようとすることを明らかにしている。ピアジェはおおむね10歳前後に自己中心性を脱して協同の段階に至るとしていたが、トマセロはそれがかなり早い段階から現れることを示したのである。さらに、彼は、社会契約的な基盤をもたずとも、人間は「私たち」という相互依存の関係を基盤としていること、つまり、協力という規範と同調という規範をもとに行為することも明らかにしている。すなわち、人間は「私たち」という人間関係において特定の他者に対して協力的に行為しているのである。こうした人間理解は、近年、脳科学の進展とも相俟って、深められつつあると考えてよい。

ただ、ピアジェやコールバーグの発達段階説と同様、これらの批判も、現状では、道徳性の発達について必ずしも全体的な見通しを提供するものとなりえてはいない。それゆえ、私たちはこれらの学説を引き受けながらも、子どもたちの現実に向き合い、寄り添いながら、道徳性を獲得するプロセスを柔軟に捉えつつ、道徳教育に取り組まなければならないといえるだろう。

参考文献
カント, I.、平田俊博訳『実践理性批判・人倫の形而上学の基礎づけ』（カント全集7）岩波書店、2000年
コールバーグ, L.、永野重史監訳『道徳性の形成──認知発達的アプローチ』新曜社、1987年
コールバーグ, L.、岩佐信道訳『道徳性の発達と道徳教育──コールバーグ理論の展開と実践』麗澤大学出版会、1987年
チャーチランド, P.S.、信原幸弘他訳『脳がつくる倫理──科学と哲学から道徳の起源にせまる』化学同人、2013年
トマセロ, M.、橋彌和秀訳『ヒトはなぜ協力するのか』勁草書房、2013年
永野重史編『道徳性の発達と教育──コールバーグ理論の展開』新曜社、1985年
日本道徳性心理学研究会編『道徳性心理学──道徳教育のための心理学』北大路書房、1992

第Ⅰ部　道徳教育の基礎知識

　年
ピアジェ，J.、大友茂訳『児童道徳判断の発達』（臨床児童心理学　Ⅲ）同文書院、1957 年
ブル，N.、森岡卓也訳『子供の発達段階と道徳教育』明治図書出版、1977 年
ライマー，J. & パオリット，D.P. & ハーシュ，R.H.、荒木紀幸監訳『道徳性を発達させる授業のコツ——ピアジェとコールバーグの到達点』北大路書房、2004 年
レイヴ，J. & ウェンガー，E.、佐伯胖訳『状況に埋め込まれた学習——正統的周辺参加』産業図書、1993 年
ロールズ，J.、川本隆史他訳『正義論　改訂版』紀伊國屋書店、2010 年

第Ⅱ部　これからの道徳教育と道徳科

新学習指導要領における内容項目の通し番号とキーワードについて

　第6章～第9章の4つの章では、道徳の内容項目を4つの視点A～Dに即して、それぞれ詳しく紹介していく。新学習指導要領では各内容項目に通し番号とキーワードがつけられている。しかし、学年段階、学校段階によって項目数が異なるため（小学校1・2年19項目、3・4年20項目、5・6年22項目、中学校22項目）、同じ内容項目でも番号に違いが生じたり、また、小学校と中学校ではキーワードの表現が異なったりする場合がある。そこで、本書では次のような方法で内容項目を提示する。

《例1》
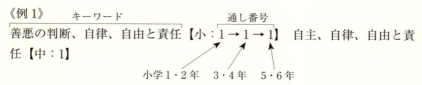
善悪の判断、自律、自由と責任【小：1→1→1】　自主、自律、自由と責任【中：1】

《例2》
勤労、公共の精神【小：12→13→14】　社会参画、公共の精神【中：12】および　勤労【中：13】

　《例1》では、①この内容項目の番号が各学年段階を通じて1であること、②小学校と中学校ではキーワードが異なることを示す。《例2》では、①内容項目の番号が学年段階で違うこと、②キーワードが小学校と中学校では異なること、さらに、③中学校では2つの内容項目に細分化されていることを示す。

第5章

「特別の教科　道徳」の教育観

　2017（平成29）年3月の小・中学校学習指導要領の全面改訂（新学習指導要領）に先行して、2015（平成27）年3月に道徳教育の一部改正がなされ、これまでの「道徳の時間」が「特別の教科である道徳」（道徳科）へと位置づけられた。

　道徳科のコンセプトは「読み物道徳」から「考え、議論する道徳」への質的転換と表現される。いじめ問題への対応を発端とした道徳の教科化ではあったが、具体的な教育課程の改善をめぐる専門的な議論を通して、道徳科のかたちが明らかにされてきた。本章では、道徳の「特別の教科」化への経緯を振り返るとともに、新学習指導要領全体の方針をふまえて、道徳科が目指す基本的な教育観・指導観・学習観を考えてみたい。

1　「特別の教科　道徳」（道徳科）の誕生

いじめ問題への対応と道徳教育の充実

　道徳の教科化のきっかけは、全国の学校で社会問題化してきたいじめ問題やそれを原因とする児童生徒の自殺事件などであった。2013（平成25）年2月、教育再生実行会議は「いじめの問題等への対応について」（第一次提言）で道徳教育の充実を求め、そのために道徳を新たな枠組みのもとで教科化することを提言した。この提言からわずか2年後の学校教育法施行規則および学習指導要領の一部改正で、小学校では2018（平成30）年度から、中学校では2019年度から道徳科が完全実施されることになったのである。

　この2年の間に、道徳教育の充実に関する懇談会が専門的な検討を経て教科化の具体的なあり方を報告し（2013〈平成25〉年12月）、中央教育審議会が「特別の教科　道徳」を中核とした道徳教育の改善について答申を行っている

(2014〈平成26〉年10月)。これまでの「道徳の時間」については、いまだに忌避されがちな風潮や他教科に比べて軽視される傾向、また、学校や教員による格差などが指摘されてきた。いじめ問題が深刻さを増す中で、よりよく生きるための基盤を育てるという道徳教育の重要性を再認識し、抜本的な充実を図るための方策として、まずは「教科にする」という方針が打ち出されたのである。

しかし、実際に道徳を教科にすることに対しては、とりわけ教科書と評価の導入をめぐって、「価値観の押しつけ」「国による心の支配」といった批判が予想される。このとき、教科化へ向けたプロセスは学習指導要領全体の大幅な改訂と連動することになった。小学校で2020年度から、中学校で2021年度から全面実施される新学習指導要領では、「主体的・対話的で深い学び」(いわゆるアクティブ・ラーニング)が積極的に導入される。道徳科はそうした学びのかたちを道徳の領域で先取りし実践するものとして、つまり「考え、議論する道徳」として具体化されるに至ったのである。

「特別の教科」という新しい枠組み

道徳科は教育課程上、「特別の教科である道徳」として新たに位置づけられた(学校教育法施行規則第50条、第72条)。しかし「特別の教科」とは、これまでにないまったく新しい枠組みである。それはどのようなものなのだろうか。

「教科」については法的な規定があるわけではないが、一般に、①免許(中・高等学校においては当該教科の免許)を有した専門の教師が、②教科書を用いて指導し、③数値による評価を行うなどの共通点がある(道徳教育の充実に関する懇談会報告)。それでは、なぜ道徳科は「教科」ではなく「特別の教科」として位置づけられたのだろうか。その理由として、大きく次の3点があげられる(中央教育審議会答申)。

第1に、学習指導要領に示された内容について体系的な指導で学ぶという各教科と共通する側面がある一方で、道徳教育の要(かなめ)となって人格全体に関わる道徳性の育成を目指すものであるという点で各教科とは大きく異なる側面がある。第2に、そうした観点から道徳科には数値による評価はなじまない。それゆえ第3に、児童生徒をよく理解している学級担任を中心に授業を行うことが

望ましく、したがって専門教科としての道徳科の免許は設定しない。
　このように、各教科とは異なる内容的な側面と、従来の教科とは異なる制度的な側面をふまえて、道徳科は「特別の教科」という新たな枠組みとして位置づけられたのである。そして、道徳科を軸とした道徳教育の改善に向けて、以下のような基本的な考え方と方向性が示された（中央教育審議会答申）。
　①道徳の時間を「特別の教科」として位置づける。②目標を明確で理解しやすいものに改善する。③道徳教育の目標と道徳科の目標の関係を明確にする。④道徳の内容をより発達段階をふまえた体系的なものに改善する。⑤多様で効果的な道徳教育の指導方法へと改善する。⑥道徳科に検定教科書を導入する。⑦一人ひとりのよさを伸ばし、成長を促すための評価を充実する。
　次節から②・③・④の項目を中心に道徳科の内容を見ていくが、ここで、⑥の検定教科書の導入についてふれておきたい。

検定教科書の導入
　教科書（教科用図書）は、学校の教育課程における各教科で使用される「主たる教材」であり（教科書の発行に関する臨時措置法第2条）、教科の授業では教科書の使用義務がある（学校教育法第34条）。「道徳の時間」は教科ではないため教科書はなかったが、道徳科になることで教科書が使用されることになる。また、副読本や補助教材などと違い、教科書には検定の手続きが必要となる。学習指導要領や義務教育諸学校教科用図書検定基準に基づいて編集、検定された道徳科の教科書が、教育委員会（公立学校）や校長（国・私立学校）によって採択され、すべての児童生徒に無償給与される（義務教育諸学校の教科用図書の無償措置に関する法律）。
　道徳科で検定教科書が使用されることで、授業の内容や評価が画一化されるのではないかという危惧もある。しかし他方で、道徳科の目標や内容を体系的に充実させるためには、どの学校でも、どの教員でも一定の水準を満たした授業を実践するための質の高い教材が必要になるだろう。また、教科書は「主たる教材」であり、道徳科には教科書での学習を超えて、教科書以外の多様な教材を活用した効果的な指導のための創意工夫も求められているのである。

2　道徳教育と道徳科の目標

道徳教育と道徳科

　道徳科の基本的な考え方を理解するためには、「学習指導要領」と「学習指導要領解説　特別の教科　道徳編」をしっかりと読む必要がある（以下では、小学校学習指導要領および解説をもとに紹介していく）。その際、まず気をつけてほしいのは「道徳教育」と「道徳科」の違いと関係である。学習指導要領「第1章　総則」では、次のように述べられている。

　「学校における道徳教育は、特別の教科である道徳（以下「道徳科」という。）を要として学校の教育活動全体を通じて行うものであり、道徳科はもとより、各教科、外国語活動、総合的な学習の時間及び特別活動のそれぞれの特質に応じて、児童の発達の段階を考慮して、適切な指導を行うこと」。

　「道徳教育」は「学校の教育活動全体」を通じて行われるものであり、他方、「道徳科」はこうした「道徳教育」の要として、小・中学校の各学年、週1時間を基本として年間35時間（小1は34時間）の「計画的・発展的な指導」を行うものである。そのため、「道徳教育」については「道徳教育の全体計画」の作成が、「道徳科」については「道徳科の年間指導計画」の作成が、各学校にそれぞれ義務づけられている。

道徳教育の目標

　「道徳教育」の目標は、次のように定められた。

　「道徳教育は、教育基本法及び学校教育法に定められた教育の根本精神に基づき、自己の生き方を考え、主体的な判断の下に行動し、自立した人間として他者と共によりよく生きるための基盤となる道徳性を養うことを目標とすること」（「第1章　総則」）。

　学校における道徳教育は、教育基本法や学校教育法に定められた教育の根本精神に基づいて行われなければならない。教育基本法第1条は教育の目的を、「教育は、人格の完成を目指し、平和で民主的な国家及び社会の形成者として必要な資質を備えた心身ともに健康な国民の育成を期して行わなければならな

い」と規定している。第2条では、この目的を実現するための目標として「真理を求める態度」や「豊かな情操と道徳心」などが掲げられている。そして、学校教育法では義務教育の目標（第21条）が10項目にわたって示されている。

さて、道徳教育の目標は「道徳性の育成」であり、従来の長い表現が整理され、わかりやすいかたちで示されている。「道徳性」は、「人間としての本来的な在り方やよりよい生き方を目指してなされる道徳的行為を可能にする人格的特性であり、人格の基盤をなすものである。それはまた、人間らしいよさであり、道徳的価値が一人一人の内面において統合されたものと言える」と説明されている（解説「総則編」）。「人格の基盤」をなす「道徳性」が、①自己の生き方を考え、②主体的な判断のものに行動し、③自立した人間として他者と共に、「よりよく生きるための基盤」として捉えられている点をおさえておこう。

道徳科の目標

道徳科については、学習指導要領「第3章　特別の教科　道徳」で述べられている。その構成は、「第1　目標」「第2　内容」「第3　指導計画の作成と内容の取扱い」である。道徳科の目標もわかりやすく整理されたかたちで示された。

「道徳教育の目標に基づき、よりよく生きるための基盤となる道徳性を養うため、道徳的諸価値についての理解を基に、自己を見つめ、物事を多面的・多角的に考え、自己の生き方についての考えを深める学習を通して、道徳的な判断力、心情、実践意欲と態度を育てる」（第1　目標）。

道徳教育も道徳科も「道徳性の育成」という目標で統一され、それぞれの役割と関連性について一貫した理解が可能になった。道徳科では、道徳性を構成する諸様相である道徳的判断力、道徳的心情、道徳的実践意欲、道徳的態度を養うことが求められる。「道徳性の諸様相」は後述する「内容項目」とともに、学習指導案の「ねらい」を確定する際に必須の要素となるので注意してほしい。「小学校学習指導要領解説　特別の教科　道徳編」での説明を見ておこう。

「道徳的判断力は、それぞれの場面において善悪を判断する能力である」。「道徳的心情は、道徳的価値の大切さを感じ取り、善を行うことを喜び、悪を憎む感情のことである」。「道徳的実践意欲は、道徳的判断力や道徳的心情を基

盤とし道徳的価値を実現しようとする意志の働きであり、道徳的態度は、それらに裏付けられた具体的な道徳的行為への身構えと言うことができる」。

これらの諸様相にはとくに序列や段階があるわけではないが、学習指導要領の一部改正で、道徳的心情と道徳的判断力の提示順が入れ替わった。このことは、「読み物道徳」から「考え、議論する道徳」への質的転換を象徴する変更点として受け止めることができるだろう。

では、目標である「道徳性」はどのように育成されるのだろうか。それを示しているのが道徳科の教育観・学習観である。それは、①道徳的諸価値について理解する学習、②自己を見つめる学習、③物事を多面的・多角的に考える学習、④自己の生き方についての考えを深める学習、という４つの柱から成り立っていることがわかる。

3　新学習指導要領における道徳科

2015（平成27）年３月の学習指導要領一部改正によって道徳科が誕生したが、2017（平成29）年３月には小・中学校学習指導要領の全面改訂が行われた。道徳教育や道徳科についてはこの全面改訂後も、一部の項目の場所が移動した以外、実質的な変更点はない。とはいうものの、新学習指導要領のキーコンセプトである「資質・能力の三つの柱」「見方・考え方」「主体的・対話的で深い学び」の観点から道徳科を捉え直しておく必要はあるだろう。

「資質・能力の三つの柱」
新学習指導要領は、これからの予測困難な時代や社会に求められる「生きる力」をより具体化し、教育課程全体を通して育成を目指すべき資質・能力を、次の「三つの柱」に整理した（解説「総則編」）。

　①「何を理解しているか、何ができるか（生きて働く「知識・技能」の習得）」
　②「理解していること・できることをどう使うか（未知の状況にも対応できる「思考力・判断力・表現力等」の育成）」

③「どのように社会・世界と関わり、よりよい人生を送るか（学びを人生や社会に生かそうとする「学びに向かう力・人間性等」の涵養）」

すぐにわかるように、これら「三つの柱」は、学校教育法（第30条第2項）が定める、学校教育が重視すべき学力の3要素（「基礎的な知識及び技能」「これらを活用して課題を解決するために必要な思考力、判断力、表現力その他の能力」「主体的に学習に取り組む態度」）にほぼ対応している。
　新学習指導要領では、「三つの柱」の育成を「(1) 知識及び技能が習得されるようにすること」「(2) 思考力、判断力、表現力等を育成すること」「(3) 学びに向かう力、人間性等を涵養すること」と明記するとともに、道徳科以外のすべての教科・領域の「目標」および「内容」を、この「三つの柱」に基づいて再整理している（ぜひ実際に、具体的な教科等で確かめてほしい）。

「見方・考え方」

　しかし、すべての資質・能力に共通する「三つの柱」も、各教科・領域等の課題や特質に応じてはじめて実質的な内容を得て働くことができる。この点に関わるのが、各教科等の「見方・考え方」という概念である。
　各教科等の「見方・考え方」とは、「どのような視点で物事を捉え、どのような考え方で思考していくのか」という、その教科等ならではの物事を捉える視点や考え方を意味する。つまり、「見方・考え方」を支えるのが「資質・能力の三つの柱」である一方で、この「三つの柱」が具体的に育成されることによって、各教科等の特質に応じた「見方・考え方」が鍛えられていくという関係で理解されているのである。そして、こうした往還的な学習を成立させるために要請されるのが「主体的・対話的で深い学び」なのである。

「主体的・対話的で深い学び」

　新学習指導要領では「何を学ぶか」という知識・技能の質や量のみならず、「どのように学ぶか」という学びの質や深まりを重視した改善が目指されている。そこで打ち出されたのが、「主体的・対話的で深い学び」いわゆる「アクティブ・ラーニング」の視点である。解説「総則編」では「主体的・対話的で

深い学び」について、次のような説明がなされている。

> 「主体的な学び」：「学ぶことに興味や関心を持ち、自己のキャリア形成の方向性と関連付けながら、見通しをもって粘り強く取り組み、自己の学習活動を振り返って次につなげる」学び。
> 「対話的な学び」：「子供同士の協働、教職員や地域の人との対話、先哲の考え方を手掛かりに考えること等を通じ、自己の考えを広げ深める」学び。
> 「深い学び」：「習得・活用・探究という学びの過程の中で、各教科等の特質に応じた『見方・考え方』を働かせながら、知識を相互に関連付けてより深く理解したり、情報を精査して考えを形成したり、問題を見いだして解決策を考えたり、思いや考えを基に創造したりすることに向かう」学び。

　ただし、これら3つの学びの視点は別々の学習場面や学習過程を表しているのではなく、学びの過程としては一体として実現されるものであり、相互に影響し合うものでもあると理解されている。そして、こうした学びの「深まり」の鍵になるものとして強調されるのが、各教科等の特質に応じた「見方・考え方」の重要性なのである。

　当然のことながら、「主体的・対話的で深い学び」も各教科等の特質に応じて、はじめて具体的な内容と独自のかたちやプロセスを得ることができる。しかし、それらは他方で、各教科等の特質に応じた「見方・考え方」によって方向づけられなければならない。そして、この「見方・考え方」もまずは、その時点ですでに身につけられている「資質・能力の三つの柱」によって支えられているのである。こうした相互の連関・往還の中で、「資質・能力の三つの柱」「見方・考え方」「主体的・対話的で深い学び」の関係が捉えられているのである。

新学習指導要領と「考え、議論する道徳」

　それではなぜ、道徳科の「目標」と「内容」については再整理がなされなかったのだろうか。最大の理由として時期的な問題を指摘することができるだろう。学習指導要領の全面改訂の2年前に、道徳科の目標および内容はすでに一部改正によって規定されていた。新学習指導要領の方針を提示した2016（平

成28）年12月の中央教育審議会答申は、道徳科の「見方・考え方」を「様々な事象を道徳的諸価値の理解をもとに自己との関わりで広い視野から多面的・多角的に捉え、自己の人間としての生き方について考えること」であると示唆し、「資質・能力の三つの柱」として、①「知識・技能」には「道徳的諸価値の理解と自分自身に固有の選択基準・判断基準の形成」が、②「思考力・判断力・表現力等」には「人間としての在り方生き方についての考え（思考）」が、③「学びに向かう力・人間性等」には「人間としてよりよく生きようとする道徳性」が、それぞれ対応するとしている。その上で、「改めて、小・中学校の道徳科の目標を改訂し直すのではなく、指導資料の作成等を通じて周知していく中で分かりやすく示していくことが必要である」と述べている。

　道徳の教科化への経緯と道徳科の誕生は、すでにその時点で、数年後に控えた学習指導要領の全面改訂と連動していたといえる。そしてある部分では、新しく求められる学びのかたちを、道徳の領域で先取りし実践するものとして受け止められていたのである。「考え、議論する道徳」というコンセプトはまさに、新学習指導要領の教育観・指導観・学習観を象徴的に表現しているといってもよいであろう。以上の点をふまえて、道徳科の具体的な指導内容や指導方法を考えていきたい。

4　道徳科の指導内容

道徳科の内容項目

　まず注意しなければならないのは、「考え、議論する道徳」においても「道徳的諸価値についての理解」が基本になることである。具体的な「道徳的諸価値」は「第2　内容」で「内容項目」として示されている。

　道徳科の内容項目について、「解説」では次のように説明されている。「内容項目は、児童（生徒）が人間として他者とよりよく生きていく上で学ぶことが必要と考えられる道徳的価値を含む内容を、短い文章で平易に表現したものである」。「これらの内容項目は、児童（生徒）自らが道徳性を養うための手掛かりとなるものである」。このように、道徳科の基本である「道徳的諸価値の理

解」はまず、内容項目の学習を通して行われる。学習指導要領ではこうした内容項目を、発達の段階をよりいっそうふまえた体系的なものに改善し、A～Dの4つの視点のもと、小学校1・2年19項目、3・4年20項目、5・6年ならびに中学校22項目にまとめている。

内容項目の4つの視点
　内容項目は、発達段階をふまえた発展性の観点から学年段階に分けて示されるとともに、全体の構成や相互の関連性の観点から、次の4つの視点で分類整理されている（4つの視点のそれぞれについては、第6章、第7章、第8章、第9章で詳しく述べられる）。

　「A　主として自分自身に関すること」
　「B　主として人との関わりに関すること」
　「C　主として集団や社会との関わりに関すること」
　「D　主として生命や自然、崇高なものとの関わりに関すること」

　内容項目の提示方法にも大きな変更があった。まず、内容項目のまとまりを示している「視点」については、児童生徒にとっての対象の広がりに即して整理し、A自分自身→B（他の）人→C社会や集団→D生命や自然、崇高なものへと順序が改められた。また、はじめに内容項目のキーワードが提示され（［善悪の判断、自律、自由と責任］［正直、誠実］など）、その中で各学年段階の内容が示される形式に変更された。さらに、内容項目の表現をすべて「……こと」の体言止めで統一し（「よいことと悪いこととの区別をし、よいと思うことを進んで行うこと」「うそをついたりごまかしをしたりしないで、素直に伸び伸びと生活すること」など）、内容項目の主題性を強調している。
　内容項目の提示方法が学年別先行から内容別先行へと変更されたこと、内容項目の文末表現が統一されたことは、文中に「……を理解し」「……を知り」が増えていることとあわせて、「道徳的諸価値の理解」が道徳科の基盤となるという考えをはっきりと示しているといえるだろう。
　また、小学校の低学年から新しい内容項目が追加され、充実が図られている

（一方、中学校では統合や見直しにより項目数を絞り込んでいる）。具体的には、1・2年でA－(4)［個性の伸長］、C－(11)［公正、公平、社会正義］、C－(16)［国際理解、国際親善］、3・4年でB－(10)［相互理解、寛容］、5・6年でD－(22)［よりよく生きる喜び］の各内容項目である。これらは全体として、いじめなどの子どもの課題に対応できるよう、内容項目の充実を図ったものである。

　各学校では、各学年段階の内容項目について各学年においてすべて取り上げなければならない。その際、児童生徒や学校の実態に応じて、2年間を見通した重点的な指導や内容項目間の関連を密にした指導、1つの項目を複数の時間で扱う指導を取り入れるなどの工夫も求められている（「第3　指導計画の作成と内容の取扱い」）。

情報モラルと現代的課題
　内容項目に即した「道徳的諸価値について理解する学習」は、児童生徒がその理解を自分との関わりで捉える「自己を見つめる学習」、多様な感じ方や価値観に接して他者と対話したり協働したりしながら「物事を多面的・多角的に考える学習」、そして、道徳的価値に関わるさまざまな事象を自分自身の問題として受け止めて「自己の生き方についての考えを深める学習」へと発展されなければならない。そのためにも道徳科ではさらに、情報モラルに関する指導の充実と現代的な課題に取り組むことが求められている（これらについては、第10章、第11章で具体的なテーマを立てて論じている）。

　社会の情報化の進展にともない、情報モラルへの配慮や対策が学校教育においても必要になっている。道徳科の課題としては、この問題の根底にある他者への共感や思いやり、法やきまりのもつ意味などについて児童生徒が考えを深めることが重要になる。

　一方、内容項目に示される道徳的諸価値は、現代社会のさまざまな課題に直接関わっている。これらの現代的な課題の学習では、多様な見方や考え方があることを理解させ、答えが定まっていない問題を多面的・多角的に考え続ける姿勢を育てることが大切である。安易な結論を出させたり、特定の見方や考え方に偏った指導を行ったりすることがないよう留意しなければならない。

5　道徳科の指導方法と評価方法

　最後に、道徳科における指導方法や評価のあり方について概略を述べておきたい（詳しくは第 12 章、第 13 章、第 14 章で紹介されている）。
　「道徳教育」は校長のリーダーシップのもと、道徳教育推進教師（2009〈平成 21〉年度から各学校に必置）を中心に全教師が協力して展開させなければならない。そして、要としての「道徳科」は学級担任が担当するが（中学校では原則として）、校長や教頭などの参加、他の教師との協力的な指導などを工夫し、道徳教育推進教師を中心とした指導体制の充実が求められている。

道徳科に求められる授業
　道徳教育の要として「計画的・発展的な指導」が求められる道徳科の授業のあり方については、「第 3　指導計画の作成と内容の取扱い」の「2　配慮事項」の中で示されている。とくに重要な事項として、①「児童（生徒）自らが考え、理解し、主体的に学習に取り組むことができるようにすること」、②「多様な感じ方や考え方に接する中で、考えを深め、判断し、表現する力などを育むことができるよう、言語活動を充実すること」、③「問題解決的な学習、道徳的行為に関する体験的な学習等を適切に取り入れるなど、指導方法を工夫すること」をあげることができる。なお、新学習指導要領の「主体的・対話的で深い学び」に関連づけるならば、①を「主体的な学び」、②を「対話的な学び」、③を「深い学び」として、それぞれ理解することができるだろう。
　道徳科になることでもっとも大きく改善されなければならないのは指導方法である。「『特別の教科　道徳』の指導方法・評価等について」（2016〈平成 28〉年 7 月）は、「質の高い多様な指導方法」として、「読み物教材の登場人物への自我関与が中心の学習」「問題解決的な学習」「道徳的行為に関する体験的な学習」の 3 つを例示した。しかし、これらは多様な指導法の一例であり、独立した「型」を示しているのではなく、また 3 つに限られるわけでもない。それぞれの要素を組み合わせた指導方法を考えることもできる。

道徳科における評価

 学習指導要領では、「児童（生徒）の学習状況や道徳性に係る成長の様子を継続的に把握し、指導に生かすよう努める必要がある。ただし、数値などによる評価は行わないものとする」とされている。

 「特別の教科」となることで、「指導要録」に「特別の教科　道徳」について「学習状況及び道徳性に係る成長の様子」の欄が新設されることになった。道徳科の評価は、数値ではなく記述式で、大ぐくりなまとまりをふまえた評価、成長を受け止めて認め、励ます個人内評価として行われる。また、高校入試の調査書には記載せず、合否判定には活用しないことが明記されている。

 今後は、「指導要録」の道徳科を評価する欄と道徳教育全体に関わる「行動の記録」や「総合所見及び指導上参考となる諸事項」を結びつけた総合的な評価のあり方や指導と評価の一体化へ向けた工夫も重要になってくるだろう。

参考文献
「考え、議論する道徳」を実現する会『「考え、議論する道徳」を実現する！——主体的・対話的で深い学びの視点から』図書文化社、2017年
中央教育審議会「道徳に係る教育課程の改善等について（答申）」2014年10月
中央教育審議会「幼稚園、小学校、中学校、高等学校及び特別支援学校の学習指導要領等の改善及び必要な方策等について（答申）」2016年12月
道徳教育に係る評価等の在り方に関する専門家会議「『特別の教科　道徳』の指導方法・評価等について（報告）」2016年7月
道徳教育の充実に関する懇談会「今後の道徳教育の改善・充実方策について（報告）」2013年12月
永田繁雄編『「道徳科」評価の考え方・進め方』教育開発研究所、2017年
松本美奈・貝塚茂樹・西野真由美・合田哲雄編『特別の教科　道徳Q＆A』ミネルヴァ書房、2016年

第6章

子どもの自立を促す道徳教育：
「A　主として自分自身に関すること」

　私たちが道徳的に行動するためには、どのような考え方や態度、規範やルールに従って行動するべきなのだろうか。「自分がしてほしくないことは人に行ってはならない」「自分がしてほしいことを人に行うべき」といった言葉が洋の東西を問わず語られてきたことからも、行為の基準・起点として重要な鍵になるのが、この「自分」であるといってよいだろう。このことは、学習指導要領の内容項目において、「A　主として自分自身に関すること」という視点でまとめられている。本章ではこの視点を中心に、児童生徒が道徳的課題と向き合う中で自己を振り返り、自ら主体的に考える道徳教育、さらに、そうして児童生徒を自立した行動へ促していく道徳教育について検討したい。

1　自立的・主体的生き方の基盤としての「自分自身」

「自己」の芽生え

　「小学校学習指導要領」は、道徳科の目標を「よりよく生きるための基盤となる道徳性を養うため、道徳的諸価値についての理解を基に、自己を見つめ、物事を多面的・多角的に考え、自己の生き方についての考えを深める学習を通して、道徳的な判断力、心情、実践意欲と態度を育てる」と定めている。
　ここから読み取ることができるのは、子どもたちの道徳性を養う起点が「自己」にあるということである。そこから、自立した個人として、いかに生きるべきかを自ら考え、自立的・主体的に判断し、他者や世界と関わっていくようになっていく。
　もちろん、こうした「自己」は、生まれてすぐに備わっているものではない。たとえば、2008（平成20）年の「保育所保育指針」は、乳幼児期の発達の

特性について、「身近な環境（人、自然、事物、出来事など）に興味や関心を持ち、自発的に働きかけるなど、次第に自我が芽生える」としている。

このように、子どもの発達段階をふまえるならば、まずは環境世界のさまざまな事物や親をはじめとする多くの他者とのふれあいがあってこそ、自意識に目覚めるということができるだろう。いわゆる「物心がつく」段階に至って、子どもたちは「ぼくのおかあさん、おとうさん」「ぼくのおもちゃ」といったように、「自分自身との関わり」の中で外界を把握し対象化して、その意味を理解していくようになるのである。

そして、そこからさらに自分自身をも対象化していく。すなわち、「過去の自分」を「現在の自分」と連続したものとみなしながらも、同時に「他者化」して客観的に自らを振り返り、見つめることができるようになっていく。道徳科は小学校から始まるが、それまでの身近な環境との関わりの中で芽生え、未成熟ながらも育まれてきた自己を客観的に見つめ、さらにその自己を豊かにしていくことが、小学校以降の道徳教育の主眼となっていく。

道徳教育の端緒となる視点Ａ

その道徳教育における起点は、学習指導要領で示されている内容項目の最初の視点「Ａ　主として自分自身に関すること」である。Ａ～Ｄの４つの視点は、児童生徒にとっての対象の広がりに即して体系化されたものであるが、ここではＢ・Ｃ・Ｄの他の視点を経たのち、さらにもう一度、Ａの視点へと立ち返っていくような学びのサイクルも意図されている。

そのため、他者や集団・社会、生命や自然に関わるさまざまな価値観にふれたのち、「それでは翻(ひるがえ)って、そのとき自分自身は、どのように行動すべきか」という思考・判断へと再びつながっていくような指導を行う必要がある。

そして、こうしたプロセスをめぐることこそが、さまざまな道徳的価値を、いわば自分のこととして深く理解し、多面的・多角的に考え、議論することにつながるのである。それによって、児童生徒は発達段階に応じて、「自立した個人」として、さらには国家・社会の「主体的な形成者」として、どのようにしたらよりよく生きることができるのか、「自ら考え続ける姿勢」を身につけていくことになるのである。

「自立」「主体性」に関連して

　ここで、「自立」というキーワードについて少しふれておきたい。これは、2013（平成25）年6月に教育基本法第17条に基づき閣議決定された「第2期教育振興基本計画」（2013～2017〈平成25～29〉年度）でも、とくに強調された言葉である。

　この第2期教育振興基本計画は、2011年3月11日に発生した東日本大震災の教訓も生かして策定され、わが国の危機回避に向けた4つの基本的方向性（「社会を生き抜く力の養成」「未来への飛躍を実現する人材の養成」「学びのセーフティネットの構築」「絆(きずな)づくりと活力あるコミュニティの形成」）と8つの成果目標、そして30の基本施策からなっている。そして、それらの基盤にある3つの理念こそが「自立」「協働」「創造」であった。第2期教育振興基本計画の前文にもあるとおり、これらの力を主体的に学び、豊かに身につけていくことが、これからのわが国の子どもたち一人ひとりに求められている。

　現在、日本のみならず世界全体の情勢が急速に変化している中で、さまざまな課題が立ち現れてきており、これまでの既存の考え方や物質的豊かさを前提とした社会のあり方、人の生き方さえ、問い直される状況となっている。しかし、その多くの場合において、一律の正解や都合のよい処方箋などは存在しない。そのため、社会を構成する私たちすべてが自立した個人として、その問題の当事者として、すなわち自分のこととして危機意識を共有し、自らその課題解決に向けて取り組み、実際に行動することが求められているのである。

　このように、社会の持続可能な発展と創造を目指して一人ひとりが人生を主体的に切り開いていくためには、現実をしっかりと認識しつつ、その中から自ら課題を汲み取り、解決していく力を豊かに育む必要がある。そのため、道徳教育はかつての徳目主義のような、教師によるたんなる「特定の価値観の押しつけ」であってはならない。

　「学習指導要領解説　特別の教科　道徳編」では、児童生徒が自分自身の考えや主体性をもたずに、言われるがままに行動するよう指導を行うことについて、道徳教育が目指す方向の「対極」にあるものとしている。自立した個人として豊かに形成されるためには、多様な価値観と出会いながら（ときにはその価値観と衝突・対立する場合もあるだろうが）、その中で「いかに生きるべきか」

を、とくに視点Aとの関連において「自ら考え続ける姿勢」が確立される必要があるだろう。そのためには、どのような指導を行っていけばよいのだろうか。以下では、視点Aの内容項目を参照しながら検討してみよう。

2　視点Aの内容項目

「学習指導要領解説　特別の教科　道徳編」では、視点「A　主として自分自身に関すること」について、「自己の在り方を自分自身との関わりで捉え、望ましい自己の形成を図ることに関するものである」と説明している。ここから読み取ることができるのは、この視点の方向性が自己の「外へ」ではなく、あくまで自己の「内へ」と向けられている点である。この点において、他の視点B・C・Dとは性格を異にしている。視点Aのねらいは、道徳教育や日常生活を通して学習・体験してきたさまざまな道徳的価値を、「自己」の内で主題化していくことであり、そうした内省を通して、自分自身についての気づきや道徳性の自覚を深めていくことにあると理解することができる。こうした点をふまえ、以下では具体的な内容項目について説明していきたい。

善悪の判断、自律、自由と責任【小：1→1→1】　自主、自律、自由と責任【中：1】

これは、善いことと悪いこととの区別をし、善いと思うことを進んで行い、正しいと判断したならば、自信をもって行うという自己のあり方に関する内容項目である。この項目では、小学校高学年以降になると、さらに自主性・自律性の意味合いが強くなり、自ら考えて判断や行動をする自由を理解するとともに、その結果には責任もともなうことを学んでいく。

価値観の多様な社会において、善いことや自ら正しいと思うことを、他人やその時々の状況に左右されることなく、自立的・主体的に実践していくことが今後さらに重要になってくる。そのため、教師が自らの善悪の価値観を教え込むのではなく、子どもたち自身が道徳教育を通してその判断・区別をつけられるよう指導していくことに留意する必要がある。

正直、誠実【小：2→2→2】

　これは、うそやごまかしから離れ、素直に伸び伸びと生活し、もし過ちを犯してしまったならば素直に認めて改め、正直に明るい心で生活するような自己のあり方に関する内容項目である。ここでは、誠実に、真心をもって、自分自身の心に何ら恥じることなく明朗快活に日々を過ごすことができるよう指導を行っていくが、人は生きていれば誰しも必ず過ちや失敗を犯すものであり、それをどうやって乗り越えていくかを考えさせることも重要である。

　その場しのぎのうそやごまかしで取り繕った場合、自ら不利な立場に陥ったり、人の信頼を大きく損なってしまったりする場合がある。さらには、後悔や自責の念、良心の呵責にさいなまれることにもなる。ここで留意すべき点としては、それら過失に、利害損得の面からどう対処すべきかを教えるのではなく、あくまで誠実さや真心をもって向き合った場合、自らどうあるべきかを考えさせなければならないということである。

節度、節制【小：3→3→3】【中：2】

　これは、健康や安全に気をつけ、物や金銭を大切にし、身のまわりを整え、わがままや放逸に走らず、規則正しく節度ある生活を送りながら、それらを自ら管理できるような自己のあり方に関する内容項目である。この項目では、小学校高学年以降になると、さらに自立的に生活習慣を見直したり、そこから心身の健康の増進を自ら図ったりと、よりセルフマネジメントの意味合いが強くなっていく。

　節度ある生活習慣を身につけることは、心身の健康のためにも非常に大切なことであるが、こうした基本的な生活習慣は、本来ならば家庭で身につけることが望ましい。それもふまえて、とくに学校で行うべき内容としては、自己の生活習慣を客観的に振り返り、その内省を通して生活習慣をよりよいものにできるよう指導を行うことがあげられる。また、安全教育についても、家庭で十全に行うのは難しいため、学校で行うことが適切であるだろう。

個性の伸長【小：4→4→4】　向上心、個性の伸長【中：3】

　これは、自分の特徴・個性に気づき、その内に長所を見いだし、自ら伸ばし

ていこうとする自己のあり方に関する内容項目である。この項目では、小学校高学年以降になると、さらに自らの短所まで自覚し、しっかりとそれらを見つめ直し、改めていくことで、自己の向上を図ることがねらいとなる。自分のよさや至らなさを知るには、前述した、善悪の判断に関する内容項目とも関連してくるが、自己の価値判断力のみで計ることが困難な場合もある。なぜなら、他者から指摘されてはじめて自覚できる長所・短所もあるためである。すなわち、自らの背中を見るには「鏡」が必要なのである。ここではそうした外的な契機もふまえながら、子どもたちの向上心を高められるよう指導を心がける必要がある。

希望と勇気、努力と強い意志【小：5→5→5】　希望と勇気、克己と強い意志【中：4】

これは、自分のやるべき勉強や仕事をしっかりと行い、その際に自分で決めた目標に向かって、強い意志で粘り強くやり抜く自己のあり方に関する内容項目である。この項目では、小学校高学年以降になると、さらに、より高い困難な目標にも希望と勇気をもって努力し、失敗してもそれを乗り越えるくじけない心を学んでいく。

子どもたちが自立してよりよく生きていくためには、自分の立てた目標のために努力し、それを成し遂げる忍耐力や克己心をもつことが大切である。ただし、この場合、ただ漫然と努力するのではなく、子どもたちに適した目標の設定と、前向きな向上心につながるような方向づけを行う必要がある。

真理の探究【小：なし→なし→6】　真理の探究、創造【中：5】

これは、真理を大切にし、物事を科学的・合理的に探究しようとする自己のあり方に関する内容項目である。これは小学校1・2年、3・4年では設定されておらず、中学校では「新しいものを生み出そうと努めること」が内容に追加されている。

変化の激しい今日の社会においては、一朝一夕に解決できない課題が山積している。あるいは、答えのない問いと出会うこともしばしばあるだろう。その際、自らの意思や判断に基づいて主体的に探究しようとせず、他者の力に頼ろ

うとする受け身な態度に堕することのないよう、この項目が掲げられている。ここでは、子どもたちが生活の中で抱いた疑問や個性ある考え方を尊重する必要もあるだろう。

3　視点Aにおける学習指導のあり方

視点Aの内容項目を指導する際の留意点

　以上、視点Aにおける内容項目についてひととおり見てきたが、これらの項目に共通している特質としては、あくまで最終的には「自分自身の考え」が中心になるということである。「さまざまな道徳的価値にふれてみたが、結局のところ自分はこう考える」といった結論に至ることもしばしばありうる。「自己」という尺度・ものさしのみで道徳的価値が捉えられた場合、それらの諸価値について「独りよがり」な理解に終始することになりかねない。そのため、視点Aの項目を単独で取り上げ、学習指導を行うことには困難がともなうであろう。

　そのことに関連して、「学習指導要領解説　特別の教科　道徳編」では、私たちが実際に道徳的行為をする場合、ある1つの内容項目が単独で作用することがほとんどないため、道徳教育においては、それぞれの項目が関連的・発展的に取り扱われるべき、と補足している。ときには指導の順序も工夫したりしながら、各学年段階を通して、すべての内容項目が調和的に関わり合うように指導を行っていく必要がある。そのため、とくに視点Aの場合、その内容項目については、独りよがりな学びに矮小化されてしまわないよう、他の視点B・C・Dとも関連づけながら、それらの内容項目と相互環流的に学習指導を行っていくことが大切だろう。そうした往還的プロセスを経てこそ、自分自身を客観的に、深く見つめることができるようになっていくのである。

指導方法の例

　指導方法の工夫については、小・中学校の「学習指導要領解説　特別の教科　道徳編」で具体的にあげられている（ともに第4章第2節）。そこで提示されて

第6章　子どもの自立を促す道徳教育

いるのは、「教材を提示する工夫」「発問の工夫」「話合いの工夫」「書く活動の工夫」「動作化、役割演技など表現活動の工夫」「板書を生かす工夫」「説話の工夫」である。なお、これらの指導方法の工夫の例からは、いわゆる「読み物道徳」から「考え、議論する道徳」へと大きく質的転換を図ろうとしている意図を読み取ることができる。

　たとえば、小・中学校のどちらにおいても「動作化、役割演技など表現活動の工夫」があげられている。これは、道徳的行為に関する体験的な学習と関連してくるが、いわゆる「ロールプレイ」といった役割演技などの体験的な学習によって、実際の場面を想定することで、実感をともなった理解を促すことができる。問題場面を実際に体験してみることで、そのとき「自分ならばどうするか」を、より深く、主体的に考える契機となりうるのである。これは視点Aの内容項目について理解する際にも、非常に有効であるだろう。

　また、これまでも行われてきた「読み物資料」を利用した学習指導についても、視点Aのねらいをふまえるならば、質的な転換を図ることができるだろう。すなわち、教材の登場人物の判断や心情をたんなる物語の中だけの、自分とは切り離された、何か別のものとして捉えるのではなく、あくまで「自分自身」との関わりにおいて考えることを通して、道徳的価値の理解をより深めていくことができる。登場人物に自分を投影し、自らを深く感情移入させていくことで、その教材に示されている道徳的価値の「自分にとっての意味」について、より深く考えることができるのである。こうした、読み物教材の登場人物への「自我関与」を中心とした学習も効果的である。

　他にも、実際の授業において、たんなる生活経験の話し合いや、読み物教材の登場人物の心情理解のみに終始する指導や、教師が望ましいと思われることを言わせたり書かせたりすることに終始する指導に陥らないようにするには、たとえば、子どもたちが年度当初に自分の様子を振り返り、自分がよりよく生きるための課題や目標を考え、明確化していくような学習もよいだろう。その際、自己の学習の過程や成果などの記録を計画的にファイルに集積するなど、いわゆる「ポートフォリオ」を作成することで、学習状況を自分自身で把握し、振り返ることができるようにする指導も、視点Aの内容項目を深く理解するための一助となりうる。

以上、視点Aにおける学習指導上の留意点や指導方法をいくつか見てきたが、つまるところ、道徳科における具体的な学習プロセスは数限りなく存在しうるため、教師一人ひとりがそれぞれ研究を重ね、学校・学級全体や児童生徒一人ひとりの実態・個性に応じた方法を適切に選択し、工夫・改良を重ねていくことが大切である。そうした試行錯誤の繰り返しの中でこそ、児童生徒がさまざまな道徳的価値と出会うことを促し、その中で自己を見つめ、自分自身の生き方についても深く考えられるような働きかけができるようになっていくのではないだろうか。

参考文献
考える道徳への転換に向けたワーキンググループ「考える道徳への転換に向けたワーキンググループにおける審議の取りまとめについて（報告）」2016 年 8 月
滝浦静雄『「自分」と「他人」をどうみるか――新しい哲学入門』日本放送出版協会、1990 年
道徳教育に係る評価等の在り方に関する専門家会議「『特別の教科　道徳』の指導方法・評価等について（報告）」2016 年 7 月
内閣府「教育振興基本計画」2013 年 6 月

第7章

人間関係の成長を支える道徳教育：
「B　主として人との関わりに関すること」

　道徳の内容の視点Bには思いやりや感謝、友情等、温かな人間味をイメージさせる語が多く含まれ、それだけに教師にとって、自分自身が共感しやすく子どもたちの共感も得やすい（つまり道徳授業で扱いやすい）テーマであると感じられるかもしれない。だが、従来の心情重視型授業ではそうだとしても、「考え、議論する道徳」にとっては逆に、もっとも素朴な共感を呼びやすいものこそもっとも警戒が必要なのだと思い至らねばならない。なぜなら、人はひとたび共感し納得してしまったものに対しては、もはや考えることをやめてしまうからである。

　この分野に分類された徳目は、"おいしそう"な見た目と裏腹に生食には適さず、注意深く加工してからでないと食べてはいけないある種の食材のように、道徳授業の素材とするには発問を十分に練り上げるなど、用意周到な工夫を授業者に要求する。このことを留意点として真っ先にあげておきたい。

1　「親切」「思いやり」を考え、議論する【小：6→6→7】【中：6】

親切の意味を問う

　言葉の意味を子どもたちに問おうとするとき、教師はつい、「○○とは何だと思いますか」と口にしたくなるかもしれない。しかし、この聞き方は漠然とし過ぎている。その結果、たしかに多彩な答えが得られるかもしれないが、ある生徒は言葉のたんなる言い換えで済ませ（たとえば「親切とは何か」に対して「優しくすることです」）、ある生徒は何らかの事例をあげ（「困っている人を見たら助けてあげることです」）、またある生徒は自分の主観的な評価を口にする（「とても大切なものだと思います」）といったように、レベルを異にする答えが混ぜこぜ

になって噴出し、筋道の立った議論へと展開していくことが困難になるおそれがある。

親切の意味を問うのであれば、小学2年生以上の子どもに対しては漢字に注目させてはどうだろうか（「親」も「切」も小学校第2学年の国語で学習する漢字である）。「〈親〉〈切〉と書きますね。なぜ〈おや〉と〈きる〉なのでしょうね」と問いかけ、まずは想像するところを自由に発言させたり、辞典等でそれぞれの漢字の意味を調べる作業を課し、気づきを発表させたりするのである。

子どもたちの声に十分耳を傾けた後、教師は「親切」の〈親〉が父母ではなく「したしい」の意味であること、〈切〉は「大切」や「痛切」の〈切〉と同様、先行する漢字の意味合いを強め、その程度がきわめて鮮烈な印象をもたらすほどのものであることを示すために添えられている旨を告げ、そこからさらに第2、第3の発問へとつなげる。たとえば、「親しい友達は助けるけれど、親しくない人が困っていても助けないのは〈親切〉といえるのかな。いえないとしたら、どうして〈親〉の字が使われていると思う？」あるいは、「皆さんはこれまで、ただ誰かに親切にしてもらっただけでなく、そのことを〈切〉の字で表すぐらい強く感じ入った経験をしたことがありますか」など。

なお、「○○とは何か」式の聞き方によらずに言葉の意味の深い考察へと導く発問の仕方として、もう1つ、類縁関係のある他の言葉を提示し、違いを考えさせるという方法があることにもふれておこう（例：「〈親切〉であることと人に〈やさしい〉ことは、まったく同じといってよいでしょうか」）。

〈思いやり〉を問い直す——心情か行動か？

心理学用語としては、思いやりは「利他性」や「向社会的行動」などと表現される。ただし、二宮克美によれば、向社会的行動（「他者のためになることをしようとする自発的な行動」）に関する海外の研究が、援助行動はもちろん、寄付や福祉活動等も視野に含めてなされるのに対し、多くの日本人は、寄付などは「思いやり」とは別種の行動と捉える傾向があり、思いやり行動の意味を、相手の立場に立って気遣い、いたわるといった「役割取得」を中心に考えるという。たしかに小学校学習指導要領の解説書の中でも、「思いやりとは、相手の気持ちや立場を自分のことに置き換えて推し量り、相手に対してよかれと思う

気持ちを相手に向けること」と定義されている。つまり、思いやりや利他性などといった場合、海外ではその社会的な効用の面が強調されるのに対して、日本では内面（心情）的な同調や共感がクローズアップされる傾向がある。

　2つの理解のどちらが正しいということはないかもしれない。しかし、今次（2017〈平成29〉年3月）の学習指導要領改訂で打ち出されたスローガンの1つが「社会に開かれた教育課程」であることに鑑みると、「思いやり」を道徳科の授業の主題とする場合でも、心情面での優しさより、現実の社会の中での適切なふるまい方に焦点を合わせた授業が、今後いっそう望まれるのではないか。

　従来、登場人物の親切な行動を描いた物語として人気のあった読み物──たとえば「はしの上のおおかみ」（奈街三郎作、文部科学省編『わたしたちの道徳　小学校1・2年』他所収）──も、ぜひ、現実社会とのつながりという観点から、従来とはやや異なる活用が考えられることを期待したい。物語の中でおおかみ（一本橋を向こうから渡ってきた動物と鉢合わせしたとき、自分がクマにしてもらったのと同じように相手を抱え上げ、後ろに下ろしてやる）がとった行動は、社会的な次元まで考慮したとき、はたして最善の「思いやり」行動といえるのだろうか。自他もろとも転落する危険の大きい一本橋を放置しておくより、普通にすれ違える幅広い橋に架け替えるための努力をしたほうが、実質的な価値は大きいのではないだろうか。

2　「感謝」を考え、議論する【小：7→7→8】【中：6】

感謝の念を教えることはできるか

　雑誌『児童心理』（金子書房）の2012（平成24）年3月号は《「ありがとう」が言えない子》のテーマで特集を組み、授業事例の紹介記事なども掲載されているが、この号の特集の冒頭を飾るのは、皮肉にも「『感謝する心』なんか、教えてはいけない」と題したエッセイ（町田宗鳳）である。

　実際、次のことを考え合わせても、「感謝」を授業で教えるという発想自体がどうなのかという疑問がわくのは当然といえよう。2007（平成19）年に

NHK放送文化研究所が実施した「日本人の好きなもの」調査（16歳以上の男女3,600人が対象で、有効回答数2,394人）によると、好きな言葉の1位は67％もの人が選んだ「ありがとう」で、2位の「思いやり」(43％)以下を大きく引き離したという。この調査は小・中学生を対象としていないが、感謝を重視する意識はそれほど国民の間に行き渡っており、その点で大人と子どもの間に大した差があるとは思えない。「感謝知らず」の子に感謝するよう求めるのはともかく、すでに感謝を大切と感じている多くの生徒にまで「感謝しろ」と説くのは、事実がんばっている人に向かってがんばれと言うのと同じくらい理不尽なのではないか。

互恵的利他主義と「感謝」

　では、どういう授業ならば可能なのだろうか。それを考える前に、感謝の意義とはそもそも何かというところに目を向けておきたい。

　進化生物学という学問では互恵的利他主義（reciprocal altruism）といって、生物は、のちに見返りが与えられることを条件とした利他的行動によって社会を進化させてきたという考え方がある。この理論のもとでは、「感謝」のもつ社会的な意味と重要性が強調される。感謝の念を抱くことは、利他行動の受け手から与え手への「お返し」を動機づけるのみならず、自分がしてもらってうれしかったことを、機会があれば別の第三者にもしてあげようと思える動機ともなり、このようにして互恵的人間関係のネットワークが形成され、ひいては社会が発達していくからである。小田亮の説明するとおり、まさに「感謝という感情があることによって、いわば親切の連鎖のようなものが成り立っている」。

ブラッドレーの母親が「せい求」したもの

　「ブラッドレーのせい求書」という、これも定番となっている道徳の読み物（グルエンブルグ作・上村哲弥訳、文部科学省編『わたしたちの道徳　小学校3・4年』他所収。家の手伝いをした少年が母親に小遣いの請求書を渡したところ、母親は黙って額面どおりの金額を与えると同時に、これまで自分が息子のためにしてきた事柄すべてについての代金を「0ドル」と記した請求書を差し出し、これを読んだ少年は泣きなが

ら詫びる）がある。この話は視点Cの内容項目「家族愛」との関連で用いられることも多いが、主人公の少年の気持ちをではなく、母親のとった行動の意味を考えさせるなら、感謝を主題とする授業の教材にうってつけであろう。わざわざ「0ドル」と書いた請求書を作成して手渡すという、見方によっては嫌味な行動をとることによって、この母親は、じつは何も請求していないどころではなく、自分（家族）に対して「感謝」することを、息子に厳しく要求しているのである。

　親が自分を犠牲にしてわが子に尽くすことができるのは、何らかの見返り（老後の経済的援助かもしれないし、もちろん、"ただいてくれるだけでうれしい"といった純粋に精神的な満足かもしれない）が後で与えられるとわかっているからにほかならない。学習指導要領にも「日々の生活」は「人々の支え合いや助け合いで成り立っている」（小学校5・6年の項目「感謝」の内容より）とあるとおり、もっとも身近な家族生活でさえ、それが1つの小さな社会である以上、互恵的利他主義のメカニズムが働くことで成り立っている。そのことを思い出させるためにこそ、母親はブラッドレーに0ドルの「せい求書」を突きつけたのである。この点をふまえると、授業の中心的発問は次のようなものになるだろう——「息子にお手伝いの代金を請求されたお母さんは、ひと言「ふざけるな」と言ってはねつけることもできたはずです。にもかかわらず、きちんと支払いをした上、今度はわざわざ自分のほうから新たに請求書を作るという、手の込んだまねをしたわけです。いったいなぜ、そうする必要があったのでしょうか。この母親は、そうすることで息子に何を理解させようとしたのだと思いますか」。

3　「礼儀」を考え、議論する【小：8→8→9】【中：7】

「礼儀」にあって儀礼にないもの

　小学校学習指導要領解説には礼儀という語を定義して、「相手の人格を尊重し、相手に対して敬愛する気持ちを具体的に示すこと」「心が礼の形になって表れること」と書かれている。また、小学校中学年と高学年における「礼儀」

の内容項目に「真心をもって接する」という表現が用いられているところを見ると、礼儀は「真心」（こちらは同解説によると「相手のことを親身に思いやる心」を指す）から発してはじめて真の礼儀（いわゆる虚礼ではなく）となるとの認識が、文部科学省の公式見解のようである（あるいは一般常識としてもそうかもしれないが）。

　たしかに、漢字の順序を逆にして「儀礼」といえば何となく形だけという印象が強まるのに対し、「礼儀」はそれ以上の何かだという印象を与えるのは事実であろう。しかし、「礼儀」にあって儀礼にないものとは、はたして「真心」なのだろうか。

　真心の定義にもよるであろうが、本章では、それは心という日本語から連想されがちの情緒的な内面の動き（気持ち）ではなく、むしろ高度に知性的な能力であると主張したい。儀礼に従うことは、遵守されている規範にただ機械的に合わせていればよいので、頭を使わずともできる。しかし、礼儀正しくあることは、その場の状況から、そのつどとるべき言動についての判断を適切かつ瞬時に見て取るだけの頭（知性）がなければ不可能である。もちろん真心も大切な価値であるには違いないが、「礼儀」との関連でいっそう重要であるのは、しなやかな知性と明敏な洞察力、的確な状況認識と判断力といったものである。

「フィンガーボウル」の話

　小笠原流礼法総師範の資格をもつ柴崎直人は、かなり以前から小学校道徳授業の教材として利用されている「フィンガーボウル」の話（日本文教出版『小学どうとく　生きる力　4年』他所収。某国の女王から正式の食事会に招かれた外国の客人が、フィンガーボウルで指を洗うという上流社会のマナーに無知であったためボウルの中の水を飲んでしまったとき、女王は客人に恥をかかせまいとして自らも同じように飲んだ）にふれ、「フィンガーボウルの扱い方（マナー）を知らない客にそれを出すという行為それ自体がマナー違反」であり、この話を「思いやり」ならともかく「マナーの教材」として用いるのは望ましくないと指弾している。

　本章では、この話を礼儀について「考え、議論する」材料として活用することも可能との立場をとるが、それには女王の行為を単純に模範的とみなすのを

やめて「もっとふさわしい対処はなかったのか」を問い、考えさせる展開の授業にするならば、という条件を付したい。もともとこの話を道徳の読み物に採用した人の意図としては、形式上の儀礼的行為（マナー）と「礼儀」との違いを考えさせたかったことにある——すなわち、フィンガーボウル本来の用途を定めるルールに反してでも、この女王のごとく人を「親身に思いやる心」（真心）に基づき行為するのが、真の「礼儀」正しさなのだと伝えたかったのかもしれない。だが、このような認識では、「礼儀」を儀礼やマナーと対立的な相のもとに捉えることになってしまう。儀礼やマナー（形）を否定するどころか、これに息を吹き込み完成させたものこそ「礼儀」であるという理解が、そこからは生まれてこない。

女王がフィンガーボウルの真の用途を客人に知らせず、ともに水を飲むだけで黙っていたなら、客人は、この国の社交界における食事作法を学ぶ機会を奪われ、別の機会に別の貴族から招待を受けたとき大恥をかくかもしれない。真に「礼儀」を重んじるのなら、女王は、"あなたの故国ではこの水を飲んでも問題ないのでしょうが、私の国でそのようなふるまいをすれば滑稽に思われるので、この国にとどまるかぎりはなさらないほうがいいですよ"という内容を、露骨にではなく、相手が恥じ入らなくて済むような仕方で（恥じ入るどころか、心からこちらに「感謝」するような仕方で）悟らせねばならない。もちろん、それほど巧妙に立ち回ることは至難のわざである。難しくて当然なのだ——先に述べたように、そもそも「礼儀」は高度に知性的な洞察力や判断力を必要とするものなのだから。

4　「友情」「信頼」を考え、議論する【小：9→9→10】【中：8】

友情の社会学

日本では、幼稚園などに通っている時分から、普段ともに過ごすことの多い同輩は親疎の度合いに関係なく全員「おともだち」であるとみなすよう、周囲の大人たちに意識づけられるのが常である。しかしながら、このような「友達」理解の仕方は、国際的に見れば一般的とはいえない。むしろ、相手がどん

な人物かを見極めた上で、自分が積極的に交際したいと思う相手を自由意志で、自覚的に選択するところに友人関係が成り立つというのが海外での常識であろう。

イギリスの社会学者グラハム・アラン（Allan, G.）によれば、少なくとも英語では friend（友人）と mate（仲間）の間に明確な意味の違いがある。なるほど仲間同士も対等であり、自由意志で付き合う点も友情と共通している。だが、仲間関係においては「社会的文脈」が「関係性を規定し、その及ぶ範囲を決めている」のに対し、友情（friendship）は逆に、特定の文脈を超越することを（たとえば、同じクラスメートでなくなったとしても友達であることを）志向する。さらに、仲間はある意味で「代替可能」（遊び仲間のA君の都合が悪ければB君と遊ぶということが可能）であるが、friend や friendship はそういう関係ではないという違いもある。

問題は、日本と欧米の「友達」理解のどちらが正しいかということではない。そうではなく、友情を自然的というより「社会的で文化的な構築物」（アラン）として見る社会学的なものの見方を導入することが、友情について「考え、議論する」上では有効なのではないかといいたいのである。

「友情」に関わる主題を道徳科で扱う際には、それらが永遠不変の善であるという思い込みや、"友達が少ないと恥ずかしいから、できるだけ多く確保しなければ"といった強迫観念から児童生徒を解放し（もし、教師自身がそうした観念に囚われているなら、真っ先に自分自身の考えを改めねばならない）、はたして「友情」や友人関係がいかなるものであれば、それは維持するに値し、逆に、どのようなものであるときには早々に解消したほうがよいのかということ——友情が「善」であるための条件——の探求へと向かわせるような授業を構想すべきである。

友情と信頼——たまちゃんとまる子の過ち

学習指導要領の該当部分には、「友情」と並んで「信頼」というもう1つのキーワードが掲げられている。この両者を同時に考えさせる授業のあり方を、さくらももこ文・絵「たまちゃん、大すき」（東京書籍『新しいどうとく 3』ほか所収）という、人気アニメを教材化した資料によりながら考えてみたい。

第7章　人間関係の成長を支える道徳教育

　２人の小学生（たまちゃんとまる子）が「あした、いっしょに神社の木の下にタイムカプセルをうめに行こうね」と約束し、当日、まる子が先に着いて待っていたが、寒い中を夕方まで待ってもたまちゃんは現れなかった。翌日、学校でたまちゃんはまる子に、急に母親に留守番を頼まれたため行けなくなったと説明するものの、まる子は許せず仲違いをしてしまう。しかし、帰宅し、今度は自分が母親から台所で「おなべの火」を見ているよう命じられてはじめて、まる子は、あのとき行きたくても行けなかったたまちゃんの立場を理解し、最後は２人とも泣きながら詫び合い、和解するという物語である。
　作品として鑑賞するぶんには、２人の友情物語にただ共感するだけで十分であろう。しかし、これを「考え、議論する道徳」の教材として用いようとする場合、どういう発問が適切だろうか。たとえば次のような問いを提案したい──「２人は最後にわかり合えてよかったですが、いつもこんなふうにうまく仲直りできるとはかぎりませんから、本当にいいのは、そもそも最初からこんなことで仲違いする羽目にならないことです。このお話では、たまちゃんとまる子の双方が、友達なら当然するべきであったことを怠ったために、けんかになってしまったと考えられます。どの場面で、どうすればよかったと思いますか」。
　たまちゃんの側の過ちはわかりやすい。母親から留守番を頼まれたとき、即座に、でもまる子が、私が来るのを待っているのよと強く言い返すべきだったのである。"あのまるちゃんが私との約束をいい加減に考えるわけがなく、私が絶対来るはずと信じて、いつまででも待っているに違いない"──それくらい友達を「信頼」していれば約束をあっさり破棄して母親の命に従うことなどありえず、母親の頼みも聞く一方で、同時に友人との信頼関係も損なわずに済むための方策を考え、実行するはずである（もっとも手軽なのは、まる子の家にすぐ電話して、自分が急用で行けなくなった事情をまる子の家族に話し、伝えてもらうことである）。
　他方、まる子の行動にも、親友を「信頼」しているのかと疑いたくなる節がある。あのたまちゃんが自分との約束を忘れるなんてありえないと本当に信じているなら、約束の時間をいくら過ぎても現れなかったとすれば、心に兆す感情は悲しみや怒りではなく、もしや事故にでも、という「心配」であるのが自

然ではないだろうか。家まで様子を見に行こうともせず、ただ同じ場所に何時間も居続けるだけであったまる子の行動は、考えが足りないというより、思いやりの不足と友達への「信頼」の欠如を表していると解釈できる。

5　道徳教育の前提そのものとしての「相互理解」「寛容」
【小：なし→10→11】【中：9】

　「相互理解、寛容」に相当する内容は、従前より学習指導要領にあったものの、2015（平成27）年3月の一部改正告示に際して、小学校高学年からとされていたのが中学年からに前倒しされるとともに、小・中学校とも、「他を尊重する」「他に対して寛容になる」という意味の言葉に先立つ文言として「自分の考えや意見を相手に伝えるとともに」がはじめて加えられた。この点は、過去の日本社会において自己主張がともするとわがままと同一視され、否定的に捉えられがちだったことを思い合わせたとき、新たな一歩を画するものと評価することができる。

　相互理解と寛容は一応、視点Bのうちに分類されているが、むしろ「C　主として集団や社会との関わりに関すること」（第8章参照）の中の「公正、公平、社会正義」ないし「公共の精神」との関わりで扱うことを考えてもよいであろう。文部科学省としては、とくにいじめの防止につながることを期待して、この項目を視点Bの内容に含めたのかもしれない。それはよいとして、大人社会でのヘイトスピーチやさまざまな差別も、学校における子ども同士のいじめも、ともに相手の人格を攻撃し、他者が社会の中で安全かつ幸福に生きる権利を侵害する暴力である点は共通している。「社会に開かれた教育課程」を目指すのであれば、ここはぜひ、内容項目間の関連を意識した指導がなされることを期待したい。

　そして、何より大切なことであるが、そもそも「考え、議論する道徳」が成り立つ前提として、どの子どもも安心して意見の言える環境と、意見の対立を嫌うのでなく、逆に、異なる意見の持ち主と出会い、話し合うことを楽しむ雰囲気のあることが絶対に必要である。その意味で、「相互理解、寛容」はたん

に学校の道徳授業で扱われる幾多の徳目のうちの1つという以上の何か——道徳の授業のまさに存立基盤そのものであるといえよう。

参考文献
アラン, G.、仲村祥一・細辻恵子訳『友情の社会学』世界思想社、1993年
小笠原喜康・朝倉徹編著『哲学する道徳——現実社会を捉え直す授業づくりの新提案』東海大学出版部、2017年
小田亮『利他学』新潮社、2011年
柴崎直人『礼儀・マナー教育概論』培風館、2013年
数土直紀『理解できない他者と理解されない自己——寛容の社会理論』勁草書房、2001年
高橋惠子『絆の構造——依存と自立の心理学』講談社、2013年
二宮克美「思いやりはどのように獲得されるか」、日本心理学会監修、髙木修・竹村和久編著『思いやりはどこから来るの?——利他性の心理と行動』(心理学叢書)誠信書房、2014年
町田宗鳳「『感謝する心』なんか、教えてはいけない」『児童心理』第66巻第4号(特集「ありがとう」が言えない子)金子書房、2012年3月号
山田亜樹・酒井芳文・諸藤絵美「多様化か画一化か——『日本人の好きなもの』調査から」、『放送研究と調査(NHK放送文化研究所月報)』2007年12月号 (https://www.nhk.or.jp/bunken/summary/research/report/2007_12/071201.pdf)

第8章

よりよい共同体を目指す道徳教育：
「C　主として集団や社会との関わりに関すること」

　この章では主に、学習指導要領において「C　主として集団や社会との関わりに関すること」という視点によってまとめられた内容項目と、その学習指導の際に留意すべき事項について学習する。

　内容項目の一覧表を見てみると、視点Cに含まれる項目は小学校の低学年から高学年まで変わらずに7項目で、4つの視点のうち最多である。また中学校になると、小学校での内容項目のうち2つがそれぞれ2つずつに分割され、合計で9項目となる。自己と集団や社会との関わりに関連する道徳が、多面的でしかも複雑であることがうかがえるだろう。この点に注意しつつ、人間と集団・社会における道徳の意味の理解を起点としながら、視点Cの内容項目と学習指導のあり方について具体的に検討していこう。

1　人間と共同体および道徳

　ここではまず、視点Cの説明に使われている「集団や社会」という言葉が表すところを明確にしながら、人間という動物がきわめて複雑で高度な集団や社会を営みながら生活することの意味を考えるとともに、そうした人間のあり方・生き方に関わる道徳について検討する。

「集団や社会」が意味するもの

　学習指導要領の「内容」の視点Cでは、その項目が「主として集団や社会との関わりに関すること」とまとめられている。ただ、「学習指導要領解説　特別の教科　道徳編」にあげられている、具体的な集団・社会としての家庭や学校などの「様々な社会集団や郷土、国家、国際社会」（小学校・中学校同文）が

意味するところに鑑みると、この視点は基本的に、自己とさまざまな「共同体（community）」との関わりに関する道徳を扱うものと考えるとわかりやすい。

共同体とは、地縁や血縁によって結びつき、利害や目的、文化などを共有しながら生活を営む人びととの集まりのことである。そしてそのように集まって生活している人びとには、自らが所属する共同体への帰属意識が認められることも特徴である。したがって、家族・家庭はいうまでもないとして、学級・学校や地域社会などの社会集団のあり方においても、あるいは郷土、国家といったレベルでも、それらの集団・社会をそれぞれ共同体の一種とみなすことができる。さらにグローバル化が進んだ現代社会においては、国際社会を含めた生活・生存に関わっている広い範囲までもが、何らかの共同体としての役割を果たすことが求められているといえる。

以上のような理解からすると、視点Ｃの内容は、一般的な「集団（group）」や「社会（association）」といったレベルよりもより複雑で高次の、共同体の道徳を扱っていることに注意する必要がある。「集団」はたんなる個体の集合やその相互作用だけを表すこともあるし、また「社会」という言葉は、特定の機能を求めて、自発的な契約によって結びついた人びととの集まりを意味することもあるからである。したがって以下では、「集団」「社会」という言葉もそれぞれ、共同体的な集団ないし社会の意味で使うことにする。

「共同体的な動物」としての人間

さて、アリストテレス（Aristotélēs）は『政治学』において、「人間は、その本性においてポリス（国家）的動物である」と述べている。この有名な言葉は、その前後の文脈を考えると、「人間は、その本性において共同体的な動物である」と言い換えることができる。なぜならアリストテレスにとっては、国家とは共同体の１つのかたちだからである。

このアリストテレスの言葉に表されているように、人間はその生まれもった性質からして、地縁や血縁により他の人びとと機能的にばかりではなく情緒的にも結びつき、彼らと利害や目的などを共有しながら、ともに生活を営むようにできているようだ。現代でも、そうした共同体のいずれにも属することなく生活を続けることは不可能だろう。それゆえ人間のこうしたあり方・生き方

は、動物としての生存に関わる物理的な条件だけにあてはまるわけではない。人間ならではの、人間らしいあり方・生き方にも深く関わっているのである。

つまり人間は、その生来の性質において共同体的な存在であるから、共同体の中でこそ、個人としてもより善いあり方・生き方が可能になるということができる。もちろん、個人が知的・技能的なパフォーマンスを自立的に獲得することは、それ自体として見ても価値あることである。しかし、そうした個人のパフォーマンスが本当の意味で活きるのは、複雑な社会システムの中で、何らかの共同体のメンバーとして問題解決を試みる場面なのかもしれない。そしてこのような場面でこそ個人は、共同体に生きる存在として、自分のあり方・生き方により高い価値を認めることができそうである。人間という動物にとっては、共同体のメンバーとして善くあり、生きることが、個人としてより善いあり方・生き方をすることと密接につながっているのである。

「共同体的な動物」における道徳

人間が以上に見たような共同体的な存在であれば、人間は自身が関わりをもつさまざまな社会集団の、共同体としてのより善いあり方に配慮できるはずだし、またそうすべきである。自身が属する何らかの社会集団が共同体としてもつ秩序や公正さ、あるいはその伝統と文化などを大切にしようとするばかりではなく、その共同体がいっそう充実することを目指して自ら積極的に働くこともけっして不自然ではない。共同体は人間にとって、自身のより善いあり方・生き方を実現するための基礎的な条件の1つだからである。

繰り返しになるが、学習指導要領の第1章には、道徳教育の目標について次のように書かれている。「道徳教育は、教育基本法及び学校教育法に定められた教育の根本精神に基づき、自己（中学校：人間として）の生き方を考え、主体的な判断の下に行動し、自立した人間として他者と共によりよく生きるための基盤となる道徳性を養うことを目標とすること」。

道徳を共同体的な存在である人間にとってのものという見方から理解すると、そうした見方での道徳教育においてはまず、多様な種類の共同体にともに属し、ともにより善くありより善く生きることを目指す他の人びととの関わり、つまり利害を共有し、また情緒的にも連帯的になりうるような関わりを理

解することが求められる。そしてこのことをふまえた上で、子どもたちにはさまざまな共同体との関わりの中で、自身の責任ある、あるいは義務を果たすべき自立的なあり方・生き方について考えを深めていくことが期待される。

　このような道徳教育は結果的に、「平和で民主的な国家及び社会の形成者として必要な道徳性を養うこと」(「学習指導要領解説　特別の教科　道徳編」小学校・中学校同文) という、視点Ｃにおける教育目標に直結するだろう。そして小・中学校の道徳教育においてこの目標を実現しようとすることが、究極的には、教育基本法第１条に掲げられている教育の目的「教育は、人格の完成を目指し、平和で民主的な国家及び社会の形成者として必要な資質を備えた心身ともに健康な国民の育成を期して行われなければならない」に、正面から向き合う課題となることにも注目しておきたい。

2　視点Ｃの内容項目

　ここであらためて、学習指導要領の視点Ｃがねらいとするところについてまとめておく。「Ｃ　主として集団や社会との関わりに関すること」は、「自己を様々な社会集団や郷土、国家、国際社会との関わりにおいて捉え、国際社会と向き合うことが求められている我が国に生きる日本人としての自覚に立ち、平和で民主的な国家及び社会の形成者として必要な道徳性を養うことに関するものである」(「学習指導要領解説　特別の教科　道徳編」小学校・中学校同文)。

　以下では、こうしたねらいをもつ視点Ｃの学習の基本として、具体的にどのような内容項目が設定されているかを見ていこう。

規則の尊重【小：10 → 11 → 12】　遵法精神、公徳心【中：10】

　これは、人びとが社会集団において生活する上で、秩序と規律を守るために必要な約束や法、あるいはきまりの意義を理解し、それらを守るとともに、自他の権利を大切にし、義務を果たすことに関する内容項目である。社会集団を共同体として安定して営むことが、結果的には個人としてのより善いあり方・生き方を保障することにも寄与する、との考え方によって支持されている。

ここで注意が必要なのは、規則や法を尊重し守る姿勢の背景にある理由である。規則などを外在的に捉えた場合、それは個人の自由への制約でしかなくなる。発達段階にもよるが、生活の中で互いの権利を尊重しあい、義務を進んで果たすことが大切であるという、規則などを守ることの自律的な理解と意味づけを求めていきたい。

公正、公平、社会正義【小：11→12→13】【中：11】

　これは、民主主義社会の基本である社会正義の実現に努め、公正、公平にふるまうことに関する内容項目である。誰に対しても分け隔てなく接し、偏ったものの見方や考え方（差別や偏見）を避けるよう努めることが、共同体としての社会集団の運営に欠かせないことはいうまでもない。その上で、正しいと信じることを自ら積極的に実践できるように努めることも重要である。

　もちろん、公正、公平、社会正義の実現は容易ではない。だからこそ、他者とともにより善くあること・生きることができる共同体的な社会集団の構築を目指そうとする、自律的でかつ断固たる意思を育むことが求められる。とくにいじめ問題への対応にも直接に関わることの多い、重要な内容項目である。

勤労、公共の精神【小：12→13→14】　社会参画、公共の精神【中：12】および　勤労【中：13】

　これは全体として、自身の仕事に対して誇りや喜びをもち、働くことや社会集団に奉仕することの充実感を通して、みんなのために働くことの意義を自覚し、進んで公共のために役立つことに関する内容項目である。

　もとより社会に対する奉仕や公共の役に立つことには充実感や成就感がともなうが、これは人間が共同体的な存在であるからである。そこでこうした行動に関して、自分がさまざまな教科で学んでいることとのつながりから社会を広く捉えること、また共同体において自身の特性に応じて働くことの意義や自分ならではの役割を理解することを求めたい。その上で、とくに中学校段階では、将来の社会的自立に向けて適切な勤労観や職業観を育むことにも配慮したい。

家族愛、家庭生活の充実【小：13 → 14 → 15】【中：14】

　これは、家族との関わりを通して父母や祖父母を敬愛し、家族の一員として、家庭のために役立つことに関する内容項目である。

　家族は、子どもが誕生して最初に出会い、所属する共同体である。何よりも、その家族を構成するメンバー同士の温かい信頼関係や愛情によって、お互いが深い絆(きずな)で結ばれていることを理解し、お互いの存在を大切にする心情を深めさせたい。こうした家族の一員としてのあり方・生き方について考えを深めることが、より充実した家庭生活を築くことにつながるはずである。

　なお、本項目の指導の際には、現代社会では多様な家族構成や家庭状況があることを適切にふまえ、必要な配慮を欠かさないようにすることが肝要である。

よりよい学校生活、集団生活の充実【小：14 → 15 → 16】【中：15】

　これは、教師や学校の人びとを尊敬し感謝の気持ちをもちつつ、学級や学校の生活をよりよいものにしようとすることや、さまざまな社会集団の中での活動を通して、集団生活の充実に努めることに関する内容項目である。

　子どもにとって、学級や学校は生活時間の多くを過ごす大切な共同体となる。その共同体を支えてくれている教師や関係する人びとに尊敬や感謝の念をもつとともに、自分が当の共同体のメンバーとして役に立っている存在であることを適切に理解させたい。また、学校内外のさまざまな社会集団に属する子どもが、当の社会集団の共同体としての意義に気づき、そこでの自分の役割と責任を自覚しながら、充実した集団生活の構築に向けて努力することを期待したい。

伝統と文化の尊重、国や郷土を愛する態度【小：15 → 16 → 17】　郷土の伝統と文化の尊重、郷土を愛する態度【中：16】および 我が国の伝統と文化の尊重、国を愛する態度【中：17】

　これは、わが国や郷土の伝統と文化を尊重し、それらを育んできたわが国や郷土を愛する心をもつことに関する内容項目である。

　生まれ育った郷土や地域社会は人間にとって、生きる上で心のよりどころと

なるなど大きな役割を果たすものである。また国は、郷土や地域社会を前提としつつ、主権という観点をふまえた歴史的・文化的な共同体として存在する。それらの発展に尽力した先達に尊敬と感謝の念を深めながら、国や郷土および地域社会を愛する心をもち、国家および社会の形成者としてそれらをよりよくしていこうとする態度を育成したい。

なお、国際社会と向き合うわが国の一員として生きていくには、適切な国際感覚をもち、広い世界的視野に立ちながらも、自身がよって立つ基盤にしっかりと根を下ろしていることが必要である。このことにも理解を促したい。

国際理解、国際親善【小：16 → 17 → 18】　国際理解、国際貢献【中：18】

これは、他国の人びとや多様な文化を理解するとともに、日本人としての自覚を深めながら、国際理解と親善、ひいては国際貢献の心をもつことに関する内容項目である。

私たちは今日、地球規模の相互依存と利害の関係の中で生きており、その意味では人類は1つの共同体であるともいえる。そうしたグローバル化が進展する現代では、さまざまな文化や価値観を背景とする人びとと相互に尊重し合いながら生きることがいっそう重要な課題となっている。このことを、わが国の伝統と文化に対する尊敬の念とあわせて理解できるようにすることが大切である。こうした学習により、人間の存在や価値について理解を深め、よりよい世界が形成されるよう人類の発展に貢献する意欲を高めさせたい。

3　視点Cの道徳の学習指導

前項では、視点Cとしてまとめられている7（小学校）ないしは9（中学校）の内容項目を概観してきた。

ここから明らかなように、視点Cの内容は、前半の3（小学校）ないし4（中学校）の項目と、後半の4（小学校）ないし5（中学校）の項目に区分することができる。前半の3ないし4の項目は、義務や公正・公平、社会正義といった、共同体に属するメンバーに求められる基本的な道徳についての内容である。一

方、後半の4ないし5の項目は、人間が家族・家庭、学級や学校、郷土や地域社会、果ては国や国際社会といった、さまざまな共同体と重層的な関わりをもつという現実を受け止めたものである。したがって後半の項目は、それら種々の共同体との関わりの中で大切にしたいことをまとめた内容となっている。

いずれにしても、この視点Cに含まれる内容項目は、子どもの発達段階、および経験や学習の質と量によって、理解や考え方が大きく変化するべきものである。以下では、視点Cにまとめられている内容項目のこうした特質をふまえながら、視点Cの学習指導のあり方について検討してみたい。

視点Cの道徳と子どもの発達・学習

道徳の内容項目に「視点」という枠組みがはじめて導入されたのは1989（平成元）年の学習指導要領であり、以来この枠組みは30年弱にわたって変わらずにきた。「1　主として自分自身に関すること」「2　主として他の人との関わりに関すること」「3　主として自然や崇高なものとの関わりに関すること」「4　主として集団や社会との関わりに関すること」がそれである。それぞれの視点の内容が、基本的には現在の学習指導要領にも受け継がれていることがわかる。

ただし、2015（平成27）年に学習指導要領が一部改正され、4つの視点の枠組みのうち一部が入れ換えられた。すなわち、旧来の視点3が新たに視点Dとなり、他方視点4が視点Cとなったのである。この改訂の理由については一般に、子どもの側から見た対象の広がりに即して検討した結果であるといわれている。

では逆に、新・視点Cは、なぜもともとは視点4として、4つの視点の最後に置かれていたのだろうか。その理由についてはつまびらかにされてはいないが、おそらくは子どもの発達や学習の過程を反映させたためではないかと考えられる。つまり子どもの発達・学習の実態を軸に考えると、「集団や社会との関わりに関する」道徳は、実際には義務教育の段階でもっとも高次の発達のレベルとともに、もっとも複雑で多様な経験・学習を要求するものと理解することができるであろう。視点Cの道徳は、子どもが認知的・情緒的に発達を遂げ、また経験と学習を介して世界を広げていく中で次第に、より善いあり方・

生き方を考えるための重要なよりどころになっていくのである。視点Cにおける学習指導に関してまず注意したいのは、こうした子どもの発達・学習との関連である。

視点Cの道徳に向き合う子どもたち

そこで、視点Cの学習指導ではとくに、それぞれの内容項目に含まれる一般的な「価値（value）」と、それらの価値を個人が捉える仕方である「価値観（sense of values）」とを意識的に分けて考えておくとよいだろう。

個人が関わる共同体はそもそも、他の多くの人びとも関わっている複雑なものであり、しかもその中身や広がりにおいて多様で、おまけに重層的である。それゆえ人びとが生活を共同体として営む際に必要な基本的なルール（価値）は多彩であり、だからこそ家庭や学級、国家などの共同体の間で、大切にしたいもの（価値）同士が背反することもある。さらにいえば、同一の共同体に属しているメンバー同士であっても、どの価値を優先すべきかの考え方には対立が生まれがちである。そういった場面では、複数の価値がある中でどの価値をより重要なものとみなすかという、価値の優先順位に対する個人や下位集団の考え方、つまり価値観の問題が現れてくるのである。

そして以上のことは、子どもが認知的にも情緒的にも発達を遂げ、さまざまな経験から学習が進むと、いっそう複雑な課題になってくる。たとえば、規則の尊重や公平・公正等の道徳的な価値そのものが「善い」ものであることは、小学校低学年の子どもでもある程度わかっている。しかし、どんな場合にでも既存のルールを守ることが正しいことなのか、特別に配慮したほうがよい人に対しても他の人と同様に公平・公正に接することがよいかなどについては、発達と経験・学習が進んでいる場合のほうが、より難しい、悩ましい問題になってくるのである。

それゆえ、ある道徳的価値が含まれる内容項目について考えを深めるような、いわゆる「基本型」の授業をする場合であっても、とくに視点Cの内容項目が深く関わってくる場合、クラスの子どもたちの学習成果は多様になりやすい。一人ひとりがどの範囲・どのレベルでの共同体を自分事として捉えているか、あるいはその共同体にどのような他者の存在を想定しているかによって、

考え方は当然異なってくる。子どもたちは、ねらいに含まれる同一の道徳的価値について、各自の発達・学習を背景としてそれぞれの価値観から考え、議論するからである。

視点Cの道徳に即した学習の広がり・深まり

　ただし、「考える道徳」「議論する道徳」の授業としては、以上のようなかたちでもよいのではないだろうか。「学習指導要領解説　特別の教科　道徳編」に述べられているとおり、「多様な価値観の、時に対立がある場合を含めて、自立した個人として、また、国家・社会の形成者としてよりよく生きるために道徳的価値に向き合い、いかに生きるべきかを自ら考え続ける姿勢こそ道徳教育が求めるものである」（小学校・中学校同文）からである。

　子どもたちは道徳科の授業において、各自の発達・学習といった背景からなされる、共同体についての多様な認知をベースとして、しかし授業のねらいに含まれる1つの価値について、その道徳的な善さへの理解を失わずに考える。そして議論の中で、同じ道徳的価値についてであっても異なった価値観をもつ級友たちの発言に刺激され、その価値をめぐってさらに考える。場合によっては、当初もっていた価値観が揺るがされ、修正されることもある。それでも、その過程で、授業のねらいに含まれる価値に正面から向き合い、議論をもとに自身の考えを広げ、深めていくことができればよい。道徳科の授業を「考える道徳」「議論する道徳」として学級で実施することの意義は、まさしくこうした点にこそ現れてくるともいえる。

　したがって、以上のような考え、議論する道徳科の授業で学習した成果が、子どもたち各自で異なってくることは、むしろ自然なのである。その成果については、一人ひとりに即して丁寧に見取り、評価してやりたい。その上で、当の授業における各自の学習成果が、そして道徳的な価値観が、その後のさらなる学習（もちろん、道徳科以外での学習も含む）によってどのように広がり深まるかを、楽しみに期待してもよいだろう。

第Ⅱ部　これからの道徳教育と道徳科

参考文献
アリストテレス、山本光雄訳『政治学』岩波書店、1961 年
ダーウィン, C.、長谷川眞理子訳『人間の由来（上）』講談社、2016 年
ハイト, J.、高橋洋訳『社会はなぜ左と右にわかれるのか——対立を超えるための道徳心理学』紀伊國屋書店、2014 年
ピンカー, S.、幾島幸子・塩原通緒訳『暴力の人類史（上）（下）』青土社、2015 年
吉野源三郎『君たちはどう生きるか』岩波書店、1982 年

第9章

生命の尊さや崇高なものを見つめる道徳教育：
「D　主として生命や自然、崇高なものとの関わりに関すること」

　「D　主として生命や自然、崇高なものとの関わりに関すること」という視点は、「生命の尊さ」「自然愛護」「感動、畏敬の念」「よりよく生きる喜び」の4項目からなる。この視点は、道徳教育の目標である「よりよく生きる」ことの基盤となる内容であるとともに、道徳教育を進めるにあたっての留意点の最初に示されている「人間尊重の精神」と「生命に対する畏敬の念」が含まれている。そのため、視点A～Cの指導においても、指導の前提として留意しておくことが必要となる。

1　視点Dの概要

　視点D「主として生命や自然、崇高なものとの関わりに関すること」について「学習指導要領解説　特別の教科　道徳編」では、「自己を生命や自然、美しいもの、気高いもの、崇高なものとの関わりにおいて捉え、人間としての自覚を深めることに関するもの」であるとしている。具体的には、「生命の尊さ」「自然愛護」「感動、畏敬の念」「よりよく生きる喜び」の4つの内容項目からなり、「よりよく生きる喜び」は、小学校第5・6年、中学校のみに示されている。

　視点Dの内容は、教育基本法第2条「教育の目標」における第4号「生命を尊び、自然を大切にし、環境の保全に寄与する態度を養うこと」、および、義務教育の目標を示す学校教育法第21条の第2号「学校内外における自然体験活動を促進し、生命及び自然を尊重する精神並びに環境の保全に寄与する態度を養うこと」と深く関連している。

　さらに、学習指導要領の第1章第1の2の（2）の4段目、道徳教育を進め

るにあたっての留意点の冒頭には、「人間尊重の精神と生命に対する畏敬の念を家庭、学校、その他社会における具体的な生活の中に生か」すことと示されている。この留意点の冒頭に示されている「人間尊重の精神」と「生命に対する畏敬の念」は、視点Dにおいて育んでいく内容と深く関わっている。そこで、この2つについて「学習指導要領解説　総則編」をもとに確認してみたい。

　「人間尊重の精神」は、「生命の尊重、人格の尊重、基本的人権、思いやりの心などの根底を貫く精神」で、日本国憲法における「基本的人権」や、教育基本法における「人格の完成」、さらには、ユネスコ憲章にいう「人間の尊厳」の精神とも「根本において共通するもの」と位置づけられている。「学習指導要領解説　総則編」では、民主的な社会において、人格の尊重は、自己の人格、他の人びとの人格をともに尊重すること、また、権利の尊重は、「自他の権利の主張を認めるとともに、権利の尊重を自己に課するという意味で、互いに義務と責任を果たすことを求めるものである」としている。その上で、「具体的な人間関係の中で道徳性を養い、それによって人格形成を図るという趣旨に基づいて、『人間尊重の精神』という言葉を使っている」との説明がなされている。この「人間尊重の精神」は、「道徳の時間」が導入された1958（昭和33）年の学習指導要領改訂以降、一貫して道徳教育の第1の目標として位置づけられている。

　「生命に対する畏敬の念」は、「生命のかけがえのなさに気付き、生命あるものを慈しみ、畏れ、敬い、尊ぶことを意味する」とされている。このことによって「生命の尊さや生きることのすばらしさの自覚を深めることができ」、さらに、「生命に対する畏敬の念に根ざした人間尊重の精神を培うことによって、人間の生命があらゆる生命との関係や調和の中で存在し生かされていること」の自覚につながる。そのため、「自殺やいじめに関わる問題や環境問題などを考える上でも、常に根本において重視すべき事柄である」と位置づけられている。この「生命に対する畏敬の念」は、1989（平成元）年の学習指導要領改訂の際に追加されている。

　なお、この「生命に対する畏敬の念」については、「畏敬の念」の概念が宗教に由来するものであるとの視点から、教育基本法第15条「宗教教育」の第

2項「国及び地方公共団体が設置する学校は、特定の宗教のための宗教教育その他宗教的活動をしてはならない」との関連において、宗教、とくに「宗教的情操」の関わりから、学校教育の中でどこまで踏み込んでいいのか等、その扱いについてさまざまな意見があり、その取扱いには留意が必要である。

　視点Dの内容は、上記のようにある種の「扱いにくさ」はあるものの、教育基本法や学習指導要領上の道徳教育を進める上での留意点をふまえると、視点A～Cと深く関わると同時に、その前提となっているといえる。視点A～Cと視点Dとの具体的関係について「学習指導要領解説　特別の教科　道徳編」では、「A及びBの視点から自己の在り方を深く自覚すると、Dの視点がより重要になる」こと、そして、「Dの視点からCの視点の内容を捉えることにより、その理解は一層深められる」ことが示されている（小学校・中学校同文）。

　なお、2015（平成27）年の一部改正の際の主な変更点として、「児童（生徒）にとっての対象の広がりに即して整理」され、それまでの3番目（(3)）から4番目（(D)）へと順序が改められたこと、また、小学校の第5・6学年に「よりよく生きる喜び」が追加されたこと、中学校では、「自然愛護」と「感動、畏敬の念」が分割されたことがあげられる。これらの変更は、発達の段階をふまえながら、小学校段階と中学校段階の体系的な接続を意識したものであるといえる。

2　視点Dの内容項目

　具体的な内容項目として、「生命の尊さ」「自然愛護」「感動、畏敬の念」「よりよく生きる喜び」の4つがあり、このうち、「よりよく生きる喜び」は、小学校第5・6学年、中学校のみで扱われている。

　以下、それぞれの内容について、今回の改正点をふまえながら確認してみる。

「生命の尊さ」について【小：17→18→19】【中：19】

　「生命の尊さ」は、「生命ある全てのものをかけがえのないものとして尊重

し、大切にすることに関する内容項目」である（「小学校学習指導要領解説　特別の教科　道徳編」）。この内容項目は、「人間尊重の精神」の基礎に位置づけられ、Dの視点だけでなく、道徳科の内容全体に関わる項目で、他の内容項目の指導においても、この内容項目との関連を意識した指導が求められている。

　2015（平成27）年の一部改正では、小学校では、1・2年で「生きることを喜び」から「生きることのすばらしさを知り」へ、3・4年で「生命の尊さを感じ取り」から「生命の尊さを知り」へ、5・6年では「生命がかけがえのないものであることを知り」から「生命が多くの生命のつながりの中にあるかけがえのないものであることを理解し」へと変更され、小学校1・2年と3・4年では「知り」に、小学校5・6年と中学校では「理解」に統一されている。この変更は、「発達段階を考慮しながら計画的・発展的」な指導につながることをより意識したものといえる。

　また、小学校5・6年では、「多くの生命のつながりの中にある」の文言が、中学校では、生命の尊さについて、「その連続性や有限性なども含めて」の文言が追加され、「生命のつながり」について、「連続性」だけではなく「有限性」も含めて理解していくことがより具体化されている。

「自然愛護」について【小：18 → 19 → 20】【中：20】

　「自然愛護」は、「自分たちを取り巻く自然環境を大切にしたり、動植物を愛護したりすることに関する内容項目」である（「小学校学習指導要領解説　特別の教科　道徳編」）。動植物は、自然の中で生きており、人間もまた、自然なしでは生きてはいけない。一方で人間は、どんな自然環境であっても、そのままでは生きていくことができない。ドイツの哲学者であるゲーレン（Gehlen, A.）は、人間と自然との独特の関わりについて、人間は「人間によって生存に役立つように変えられた自然のなかで生きているのであり、その自然こそまさに文化領域にほかならないのである。人間は、生物学的に、自然支配を強いられているのだとさえ言えよう」と述べている。さまざまな環境の問題や悪化が懸念される中にあって、私たちがこれからも地球上で生きていくために、「持続可能な社会の実現」を目指し、世界全体で環境問題に取り組んでいくことが求められる現代にあって、「自然環境を大切にしたり、動植物を愛護したりすること」

は、これまで以上に求められていくことになる。

「感動、畏敬の念」について【小：19→20→21】【中：21】
　「感動、畏敬の念」は、「美しいものや崇高なもの、人間の力を超えたものとの関わりにおいて、それらに感動する心や畏敬の念をもつことに関する内容項目」である（『小学校学習指導要領解説　特別の教科　道徳編』）。「感動」とは「物事に深く感じて心が動くこと」、「畏敬」とは「畏れ敬うこと」、すなわち「畏れ」という意味での畏怖の面と、「敬う」という意味での尊敬、尊重という面が含まれている（『中学校学習指導要領解説　特別の教科　道徳編』）。
　この「畏敬の念」の語は、1966（昭和41）年の中央教育審議会答申別記「期待される人間像」の中で、「すべての宗教的情操は、生命の根源に対する畏敬の念に由来する」と用いられたことが最初である。ただし、この「畏敬の念」に対する位置づけに対しては、教育基本法の第15条（宗教教育）の第2項（旧法第9条第2項）に定める宗教的中立性の観点からさまざまな議論がなされている。「畏敬の念」の語は、1989（平成元）年の学習指導要領改訂の際から用いられているが、議論が分かれることから、学習指導要領では「宗教的情操」とは関連づけない扱いとなっている。
　しかし、人類学者ブラウン（Brown, D.E.）は、人間は「目に見えない、通常の感覚では感じ取れない存在を信じる」という点で、「宗教的信仰、あるいは超自然的な存在に対する信仰」を普遍特性としてもっているとしている。特定の宗教や教義にかかわらず、人間が普遍的にもっている、こうした「信仰」の原点となる感情を「畏敬」の念とよぶこともできるだろう。
　「畏れ」は、尊いもの、自分の力を超えたものに対して抱く意識的・精神的な反応を含んだ気持ちであるとされている（『日本国語大辞典』）。それゆえ、「すがすがしい心」（小学校1・2年）や「感動する心」（小学校3・4年）という、素朴で素直な心を育んだ上で、小学校5・6年、中学校で「畏敬の念」をもち、深めていくことが求められている。
　2015（平成27）年の一部改正では、小学校5・6年と中学校で、感動や畏敬の対象として、「美しいもの」に加えて「気高いもの」が追加されている。このことによって、小学校3・4年に含まれる内容を、発達段階をふまえて体系

的に深めていくことがより明確に示されている。

「よりよく生きる喜び」について【小：なし→なし→22】【中：22】

　「よりよく生きる喜び」は、「よりよく生きようとする人間のよさを見いだし、人間として生きる喜びを感じることに関する内容項目」である（「小学校解説　特別の教科　道徳編」）。教育基本法第1条（教育の目的）では、教育の目的として「人格の完成」を目指すことが示されているが、「人格の完成」とは、「個人の価値と尊厳との認識に基づき、人間の具えるあらゆる能力を、できる限り、しかも調和的に発展せしめること」とされている（「教育基本法制定の要旨」1947〈昭和22〉年文部省訓令）。それゆえ、そこでは「よりよき生」を生きることが目指されているという点で、「よりよく生きる喜び」は、「人格の完成」を目指す教育の前提に位置づけられる内容項目であるといえるだろう。

　「気高く生きようとする心」について、「中学校学習指導要領解説　特別の教科　道徳編」では「自己の良心にしたがって人間性に外れずに生きようとする心」であると説明している。小学校5・6年では、「よりよく生きる」ための肯定的な面である「人間の強さや気高さ」について理解すること、その上で、中学校では、「自らの弱さや醜さ」という否定的な面もふまえつつ、それでもそれを「克服する強さや気高く生きようとする心」をもっていることを理解することが求められている。中学校段階は、学習面、運動面、生活面等で個人差が大きくなり、自分の弱さに気づいたり、劣等感にさいなまれたりすることが多くなる時期であるため、「よりよく生きる喜び」を生徒が実感できるような働きかけが重要になってくる。ただし、そのためには、小学校段階から体系的に取り組んでいくことも必要である。

　2015（平成27）年の一部改正では、これまで中学校段階にのみ位置づけられていたこの内容項目が、小学校5・6年生にも示され、体系的に取り組む必要性が明示されたといえる。また、「小学校学習指導要領解説　特別の教科　道徳編」では、本内容項目の「人間の強さや気高さ」は、小学校1・2年における「美しいものに触れ、すがすがしい心をもつこと」、小学校3・4年における「美しいものや気高いものに感動する心をもつこと」に関する指導でも育まれるものであるとして、小学校1～4年の段階での「感動・畏敬の念」の内容項

目と関連していることが示されている。

3　視点Dにおける指導上の要点と留意点

　第2節をふまえ、以下では、内容項目ごとに指導上の要点を確認した上で、視点Dの留意点について全体的に整理していきたい。

「生命の尊さ」について【小：17 → 18 → 19】【中：19】

　「生命の尊さ」は、第1節でも示したように、「道徳の時間」の導入以降、一貫して道徳教育の第1の目標として位置づけられている「人間尊重の精神」と深く関連している重要な内容項目であるが、教育の場にかぎらず、私たちが生きていく上でも、その重要性については十分わかっているはずである。

　一方で、だからこそ、授業の中で取り扱うときには難しさもある内容項目であるともいえる。なぜなら、「知識」として理解することだけではなく、わが事として実践につなげていくことが必要になるからである。

　「中学校学習指導要領解説　特別の教科　道徳編」では、指導の要点の中で、「偶然性（自分が今ここにいることの不思議）」「有限性（生命にいつか終わりがあること、その消滅は不可逆的で取り返しがつかないこと）」「連続性（生命はずっとつながっているとともに関わりあっていること）」の3つが示されている。この3つの視点を念頭に置き、児童生徒の発達段階に応じて、小学校段階から計画的・発展的に、児童生徒が多面的・多角的に考え、「生命の尊さ」について、深まりと広がりを意識できるような指導が必要になる。

　2015（平成27）年の一部改正では、中学校で「有限性」の語、すなわち、生命にはいつか終わりがあるという「死」を想起させる言葉が追加されている。この「死」の概念の構成要素として「不動性」「不可逆性」「不可避性」の3つがあげられ、この3つの概念は、調査の方法による違いや個人差はあるものの、一般的に7、8歳頃に獲得されるとされている。そのため、この内容項目では、児童生徒の実態をふまえながら、指導にあたることが必要になる。

　具体的には、小学校1・2年の段階では、「生きることのすばらしさを知るこ

と」に基づいて、「生命を大切にすること」が求められ、「生命の尊さを知的に理解するというより、日々の生活体験の中で生きていることのすばらしさを感じ取ることが中心」となる。そのため、日常の生活の中で当たり前のこととして見過ごしがちなさまざまな出来事や身近な事柄から、「生きている証」を実感できるような指導が求められている。

小学校3・4年の段階では、「現実性をもって死を理解できるようになる」ため、「生命の尊さを感得できるように指導することが必要」であるとされている。ただし、個人差もあることから、「有限性」を意識しつつも、必ずしも前面に出さずに、自己の生命が「多くの人の支えによって守り、育まれている」という「生命のつながり」に重心を置いて、「生命あるものを大切」にする心情や態度を育てることが求められる。

小学校5・6年では、自己の生命が「かけがえのないものであることを理解」することが求められている。この段階では「生命のつながり」についての理解をもとに、その「有限性」を意識し、さらに生命のかけがえのなさをふまえながら「生命に対する畏敬の念」を育むことが必要になる。この5・6年での指導をもとに、中学校では、自己の生命のみならず、自他の、そして生命あるものすべての「生命尊重」を意識した指導が求められている。

「臓器の移植に関する法律」の運用に関する指針では、臓器提供にあたって、15歳以上の者の意思表示を有効なものとしていることから、15歳を迎える中学校3年の段階を念頭に置いて、情報提供をしたり、考える機会をもったりすることが必要だろう。なお、「提供しない意思については、15歳未満の方の意思表示も有効」とされることから、小学校段階でも何らかの情報提供が必要だろう。

この内容項目は、生活科、理科、体育・保健体育科、家庭科、技術家庭科等の教科やその他の教育活動での学習とも関連することから、関連を意識しつつ、多面的・多角的な指導を行っていくことが求められる。

「自然愛護」【小：18 → 19 → 20】【中：20】

この内容項目では、自然との関わりという点では、「身近な自然に親しむ」こと（小学校1・2年）から始め、「自然のすばらしさや不思議を感じ取ること」

(小学校3・4年)、「自然の偉大さを知ること」(小学校5・6年)、そして、中学校では「自然の崇高さを知り、自然環境を大切にすることの意義を理解」することが求められている。児童生徒には、発達段階に応じて、「親しむこと」「感じること」、その後、「知ること」、さらに「意義を理解すること」と、感覚的に捉えることから始め、次第に客観的に知り、理解することが求められている。

こうした自然との関わりをふまえ、小学校1・2年では「動植物に優しい心で接すること」、小学校3・4年では「自然や動植物を大切にすること」、小学校5・6年では「自然環境を大切にすること」、そして、中学校では「進んで自然の愛護に努めること」を育んでいくことが目指される。

したがって、身近な自然から始め、持続可能な開発のための教育(ESD)などに至るまで、時間的・空間的に広がりをもって自然環境について考えていくことができるようにしていく指導が求められる。具体的には、小学校1・2年では生活科等での動植物の世話や栽培・飼育等の自然と関わる身近な活動や体験をふまえた指導が、小学校3・4年では、身近なところから少しずつ空間的な広がりをもって、動植物や自然環境との関わりについて考えることができるようにする指導が求められる。さらに小学校5・6年では、人間と自然との関わりというより広い視点から、客観的な視点をもって考えたり、未来という時間的広がりをもって、環境保全のあり方や持続可能な開発等について考えたりすることに向けた指導が必要となる。中学校段階では、小学校での学びの上に、自然の美しさ、すばらしさといった肯定的な面だけでなく、ときには人間に災禍をもたらすこともあるという、自然と人間との関わりを多面的・多角的に捉える視点をもって、人間の有限さや人間の力を超えたものを謙虚に受け止める心を育てることも求められる。

「感動、畏敬の念」について【小:19 → 20 → 21】【中:21】

宗教的中立性の観点から、これまでも指導の難しさが指摘されてきた内容項目である。ただし、私たち人間は、人知を超えた雄大な自然や芸術、そしてさまざまな行動に心を動かされることがある。こうした素朴な感動や畏敬の念は、私たち人間の有限性や人間の独善性への気づきや、人間のみならず、生きとし生けるものに対する感謝や尊敬につながっていくものであろう。

第Ⅱ部　これからの道徳教育と道徳科

　そのため、本内容項目の指導にあたっては、「学習指導要領解説　特別の教科　道徳編」によれば、小学校1・2年では、児童が美しいものにふれて心が揺さぶられたときに、その思いを教師が大切にし、また他の児童にも共有できるように働きかけることが求められる。さらに、感性や知性が著しく発達する段階である小学校3・4年では、児童が自然の美しさ、人の心の気高さなどを感じ取る心をもっている自分に気づき、その心を大切にし、さらに深めていこうとする気持ちを高めようとすることができるような指導が必要である。小学校5・6年では、これまでの段階で育まれた心をもとに、感動したり尊敬したりする気持ちを深めることに加え、畏敬の念をもつことが求められ、それらのことを通して人間としてのあり方をより深いところから見つめ直すことができるようにする指導が求められている。中学校の段階では、小学校での指導をふまえ、体験活動を振り返りながら、多面的・多角的に捉え直すことができるような指導が求められる。

「よりよく生きる喜び」について【小：なし→なし→ 21】【中：21】

　この内容項目は、小学校5・6年、中学校で扱う内容として示されている。心理学の分野では、小学校高学年から中学生くらいの時期は「初期青年期」といわれ、「性的成熟や自律性の欲求が高まる時期」であり、また、この時期を含む小学校高学年から高校生頃までが、「身体イメージの変化に伴う自己イメージ全体の再構成、仲間関係における地位の変化、親やおとなに対する態度と権威関係の変容」などの特徴をもつ「思春期」とされている。そのため、友人や親、大人などとの関係に葛藤したり、自分に対する自信を失ったりして悩むことが多くなり、自らの弱さや醜さを感じやすい時期である。こうした発達の段階をふまえて、「人間の強さや気高さ」を理解し、さまざまな葛藤や悩みを克服できるような指導が必要になる。

　ただし、「小学校学習指導要領解説　特別の教科　道徳編」では、「人間の強さや気高さ」については、小学校1・2年、3・4年での「感動・畏敬の念」などの指導においても育まれていることを例示している。そのため、「初期青年期」あるいは「思春期」とよばれる不安定な時期を見通した体系的な指導が、小学校1・2年の段階から必要となる。

視点D全体の指導上の留意点

　以上、視点Dの指導上の要点と留意点について、内容項目に即して確認してきたが、視点Dの4つの内容項目は、いずれも道徳教育の目標である「自己の（中学校：人間としての）生き方を考え、主体的な判断の下に行動し、自立した人間として他者と共によりよく生きるための基盤となる道徳性を養うこと」の根底となる内容を含んでいるとともに、道徳教育を進めるにあたっての留意点の冒頭に示されている「人間尊重の精神と生命に対する畏敬の念」とも深く関わっている。それゆえ、A・B・Cの視点を指導する上での前提ともなる重要な内容である。

　一方で、個人の内面、思想信条、宗教教育との関わりにとくに留意が必要な内容であるとともに、その内容の広がりゆえに、抽象的な言葉による理解に陥りがちでもある。そのため、指導にあたっては、教師が内容項目に対して深まりと広がりをもって理解しておくことが重要になってくるだろう。

参考文献
ゲーレン，A.、亀井裕・滝浦静雄他訳『人間学の探究　復刻版』紀伊國屋書店、1999年
藤永保監修『最新 心理学事典』平凡社、2013年
ブラウン，D.E.、鈴木光太郎・中村潔訳『ヒューマン・ユニヴァーサルズ――文化相対主義から普遍性の認識へ』新曜社、2002年

第10章

現代的課題に取り組む道徳教育

1 いじめへの対応と道徳教育

いじめ問題と道徳教育を充実させるという方針との関係

　図10-1は、文部科学省が発表した、1985（昭和60）年以降のいじめの認知（発生）件数の推移グラフである。

　このグラフから、数値の急激な増減が幾度か起こっていることがわかる。しかし現実には、児童生徒が肌で感じているいじめの件数が、大きく増減しているとは考えにくい。この急激な変化の背景として、定義が変わったためにいじめとして扱われるケースの範囲が広がったことや、児童生徒全員にアンケートを行うなど調査方法が変わったことといった、いくつかの要因がある。そのため、こうした調査結果だけを見て、いじめが増えているから道徳教育を充実させなくてはならないと考えたり、逆にいじめが減っているから道徳教育の効果

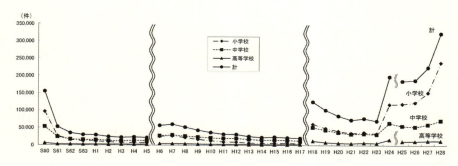

図10-1　いじめの認知（発生）件数の推移

（出典）文部科学省初等中等教育局児童生徒課「平成28年度「児童生徒の問題行動・不登校等生徒指導上の諸課題に関する調査」（速報値）について」、2017年

が出たと考えたりするのは、拙速な判断となるだろう。

　ただし同時に、確かなことも読み取れる。それは、教育現場で、それが年に数十万件であれ数千件であれ、学校によっていじめであると認められてきたケースが起こってきたという事実である。この事実こそが、学校教育においていじめ問題に真剣に向き合わなければならない理由である。

　さて、こうしたいじめ問題に向き合うために、いじめを予防する、あるいは解決することを目指し、学校現場では道徳の教科化をはじめとした道徳教育の充実が行われている。すでに述べられたように、道徳教科化のきっかけは、全国的に社会問題となった学校でのいじめ問題である（第5章第1節参照）。その後、教育再生実行会議がそれまでの道徳教育の指導内容や指導方法における問題を指摘し、法律の制定や制度構築等の施策とともに提言したのが、教科化をともなう道徳教育の充実であった（教育再生実行会議「いじめの問題等への対応について（第一次提言）」2013〈平成25〉年）。

　法律の制定や教科化そのものの是非はさておき、一見、いじめの防止や解決のために道徳教育を充実するという方針そのものは、しごく妥当なものに見えるかもしれない。しかし、ここで1つ確認しなければならないことがある。それは、いじめ問題に対して道徳教育はこれまでどのような姿勢をとってきたのであろうかという点である。

　いじめが深刻な社会問題として取り上げられるようになっていた1985（昭和60）年には、児童生徒の問題行動に関する検討会議が設置され、「児童生徒の問題行動に関する検討会議緊急提言―いじめの問題の解決のためのアピール―」が出された。そこでは、児童生徒の心の荒廃に対して「心の教育の充実」が必要であること、「学校全体に正義をいきわたらせる」ために、道徳や特別活動の時間をはじめとして学校教育活動全体を通していじめは許されないということを「いきわたらせる」ことなどが、提言されている。また、1994〈平成6〉年のいじめ自殺事件を受けて開かれたいじめ対策緊急会議は、翌年に「いじめ対策緊急会議報告―いじめの問題の解決のために当面取るべき方策について―」を発した。そこには、よく知られた「弱い者をいじめることは人間として絶対に許されない」との強い認識に立つことなど「基本的認識」が示され、いじめの問題は、教師の児童生徒観や指導のあり方が問われる問題である

こと、そしてその付記として「道徳教育、こころの教育等の推進」が提言されていた。2006（平成18）年には、小学生のいじめ自殺未遂事件（その後死亡）への、教育委員会の対応が問題視されたことを受けて、「いじめの問題への取組の徹底について（通知）」が出された。その別添である「いじめの問題への取組についてのチェックポイント」には、学校における教育指導のチェックポイントの1つとして「道徳や学級（ホームルーム）活動の時間にいじめにかかわる問題を取り上げ、指導が行われているか」が記されている。さらには、2007（平成19）年初頭、教育再生会議が出した「社会総がかりで教育再生を～公教育再生への第一歩～ ―第一次報告―」には、いじめの問題に厳しく対処することと並んで、子どもに規範を教えるために「道徳の時間」の授業時間を確保することと、体験的活動や心に響く教材を取り入れることによって内容を充実させることが提言されている。

　このように、1985（昭和60）年以降、道徳教育とりわけ道徳の時間の充実は、いじめの防止や解決に向けた方策として何度も言及されてきた。これらの度重なる通知や提言やそれに基づく教育活動は、いじめの防止や解決にどのように作用したのか、そしてこれからの道徳科の充実にいかにして活用できるのか考えてみたい。

いじめ問題を受けて学習指導要領などはどのように変わったか
　ここでは、前項で見た提言や報告などが示されてきたその時代に、学習指導要領などの内容も変化しているので確認したい（第2章第2節参照）。なお、本節における引用は、特記がないかぎり「学習指導要領解説」（1989〈平成元〉年改訂は「学習指導要領指導書」）からのものである。

　1989（平成元）年の改訂においては、「社会の変化に自ら対応できる心豊かな人間の育成」が図られ、道徳教育の充実が1つの柱といえる重要性をもっていた。このような道徳教育重視の背景の1つとして、「子どもの自殺やいじめ、非行が増加していることの、根本的な要因として道徳性が育っていないことへの指摘」があげられた。

　こうした背景のもとで、同改訂では、総則に「生命に対する畏敬の念」が加えられている。従来の「人間尊重の精神」に、この「生命に対する畏敬の念」

を付け加えることにより、その精神がより深まりと広がりのあるものとなることが期待されたのである。文部省は、子どもの自殺やいじめ、問題行動を念頭に、この「人間尊重の精神」に「生命に対する畏敬の念」を付記したことには、いじめ問題に対する方策としての意図があることを示している。

　1998（平成10）年の改訂においては、課題として、「受験競争の過熱化、いじめや不登校の問題、学校外での社会体験の不足など（中略）様々な課題」があげられた。そうした課題を解決すべく、子どもが一生涯社会の変化に対応してゆくための「生きる力」を育むことが教育の基本とされたのである。こうした教育において道徳教育は、「生きる力」の一要素「豊かな人間性」を育むこととされた。その道徳教育改善の方針として、体験活動等を生かすこと、家庭や地域の人びととの連携協力を図ること、自ら課題に取り組みともに考える指導を行うことの3点が示されたのである。

　同改訂では、道徳の内容項目を説明する文中に、いじめに関する記述がいくつか含まれた。「2-(5)　それぞれの個性や立場を尊重し、いろいろなものの見方や考え方があることを理解して、寛容の心をもち謙虚に他に学ぶ」の解説では、中学生は個性の伸長により対立や摩擦が生じる時期である一方で、周囲の見方や考え方に過度に同調してしまい、いじめを引き起こす可能性があるとの注意事項が記されている他、「4-(4)　正義を重んじ、だれに対しても公正、公平にし、差別や偏見のない社会の実現に努める」の解説において、中学生には目の前で起こるいじめなどの差別的言動に対して、正義の心をもってその是正のために行動することに消極的になってしまう傾向があるという留意事項が記されている。

　また2002（平成14）年には、全国の小学生および中学生に『心（こころ）のノート』が、道徳教育の補助教材として配布された（その後2009〈平成21〉年に改訂され、さらに2013〈平成25〉年には『私（わたし）たちの道徳』へと全面改訂された）。これらには、いじめを傍観せず制止することや、いじめをはじめとする差別や偏見をなくすことなど、いじめに関する内容が盛り込まれていた。

　2008（平成20）年の改訂においては、道徳教育が「生きる力」の要素「豊かな人間性」を育むという基調は変わらないものの、いじめ問題の予防や解決の

ための方策という性格がこれまでになく色濃くなった。まず、「改善の具体的事項」10項目の1つとして、インターネット上の掲示板における誹謗中傷やいじめといった問題に対応するため、情報モラルを取り扱うことがあげられている。また小学校においては、中学年で「2-(4) 謙虚な心をもち、広い心で自分と異なる意見や立場を大切にする」態度を育てることがいじめの予防や解決に重要であるとされた他、同じく小学校中学年の「4-(2) だれに対しても差別をすることや偏見をもつことなく公正、公平にし、正義の実現に努める」の解説に、いじめを、身近にあって気づくべき差別や偏見とする記述が見られる。中学校においては、前改訂と同様に、同調過剰の傾向がいじめに発展することがあると指摘された他、いじめなどの差別的言動を止めることに消極的になる中学生の傾向が指摘されている。この他、小学校・中学校ともに、指導内容の重点化における配慮事項として、生命軽視の問題行動が起こっていることに対して、生命を尊重する心を育むことが記された。

　2015（平成27）年の一部改正においては、いじめ問題に対する方策としての道徳教育という性格がいっそう強化された。そこでは、「B　主として人との関わりに関すること」（第7章参照）の内容項目「相互理解、寛容」の解説において、「いじめの未然防止」、「いじめを生まない雰囲気や環境」の醸成が重要であるとされた（小学校）他、周囲へ過度に同調する傾向がいじめ問題に発展しうること、いじめや不正を排除・指摘する資質や能力を培う指導を行うこと（中学校）が記された。また、「C　主として集団や社会との関わりに関すること」（第8章参照）の内容項目「公正、公平、社会正義」の解説に、差別や偏見をもってしまう人間の弱さにいじめの問題が起因している場合が少なくないこと（小学校）、不公正な多数の意見に同調したり傍観してしまったりして、いじめの制止に消極的になってしまうこと（中学校）と記述された。この他、小学校高学年には「D　主として生命や自然、崇高なものとの関わりに関すること」（第9章参照）の中に、今回はじめて「よりよく生きる喜び」が追加された。小学校の段階では本項目の本文・解説中に「いじめ」の記述はないが、中学校の当該項目における解説には、これが「いじめの防止等にもつながる内容項目である」と記されている。

　2017（平成29）年の改訂においては、教育再生実行会議や道徳教育の充実に

第10章　現代的課題に取り組む道徳教育

関する懇談会の提言や報告、そして中央教育審議会の答申を受け、総則、特別活動の本文中に「いじめ」が記述された。小学校・中学校ともに、総則の「第5　学校運営上の留意事項　1　教育課程の改善と学校評価等」の中に、学校保健計画や学校安全計画などと並んで、「いじめの防止等のための対策に関する基本的な方針」が、学校の全体計画等の1つとしてあげられている（第12章第2節参照）他、「第6　道徳教育に関する配慮事項」においても、道徳教育の指導内容がいじめの防止に資するようにすることという留意事項が記されている。また、特別活動においては、「第3　指導計画の作成と内容の取扱い」における配慮事項中に、学級経営の充実を図る際に「いじめの未然防止等を含めた生徒指導との関連を図る」ことが記されるようになった。

　このように、学習指導要領は1989（平成元）年以降、数度の改訂を経て、いじめの問題への対応を意図した内容を徐々に増やしてきたのである。

道徳教育はいじめ問題に対していかに寄与するか

　これまで確認したように、道徳教育はいじめ問題に対する方策としての性格を強化しつつある。しかし、道徳教育は本来、何らかの問題を予防したり解決したりするための手段として位置づけられているわけではない。道徳教育の目標は、学習指導要領によれば、道徳性を養うことである（第5章第2節参照）。学習指導要領の内容項目には「いじめを起こさないこと」が記されているわけではなく、「寛容の心」「正義」「よりよく生きる喜び」などの積極的な性質や態度などが子どものうちに育てば、結果としていじめを起こすことがない、いじめを許さないようになるであろうという見込みや期待が解説として述べられてきたのである。その意味で、たとえば道徳科の授業において、身のまわりで起こりうるいじめを題材として学習活動を行い、それを許さない心を育てることを通して、「勇気」を育てる、ひいては「道徳性」を育む道徳教育の一端に位置づけるといった方策は、十分に現実的に実施可能なものであろう。

　たしかに、道徳教育の目標はいじめの予防や解決ではない。しかしながら、子どもの道徳性を育むことのうちには、いじめの予防や解決に大きく資するものがあるともいえるだろう。そうであれば、私たちは、いじめそのものを題材として扱う授業をはじめ、いじめへの「対応」をもその一部に含む道

徳「教育」を行うべきである。それは、たんにトラブル・面倒事を回避するためではなく、子どもの道徳性を育てるという目標のためでなければならない。そしてその結果として、いじめがなくなっていることを願うべきなのである。

なお、2010（平成22）年に文部科学省から出された『生徒指導提要』は、「人権尊重の精神を貫いた教育活動を展開すること」を、いじめ問題に取り組む基本姿勢であるとしている。そのような教育活動においては、もちろん道徳教育が大きな役割を果たすことが期待されよう。

2　情報モラルと道徳教育

1990年代以降、インターネットや携帯電話の普及など、わが国では、情報化が急速に進み、今日では児童生徒も手軽に情報通信技術を使用できる時代となった。2016（平成28）年度内閣府「青少年のインターネット利用環境実態調査」によれば、小学生の84.2%、中学生の91.9%がスマートフォンやパソコン等を通じてインターネットを利用しており、児童生徒の大半がインターネットにアクセスしている実態がある。その一方で、今日では、ソーシャルネットワークサービス（SNS）によるネットいじめや誹謗中傷、個人情報の漏洩など、さまざまなトラブルに、児童生徒が巻き込まれる事例が報告されている。前節でのいじめ問題も、こうした情報社会と密接に関わるようになった。そのため、社会の情報化の進展とともに、道徳教育の一環として情報モラルの指導（情報モラル教育）が進められてきた。「情報モラル」とは、「情報社会で適正な活動を行うための基になる考え方と態度」と定義され、情報社会で生活するための基盤となるものである。本節では、(1) 情報モラル教育をめぐる政策動向（1990年代、2000年代）、(2) 2017年の学習指導要領における情報モラル教育の概要、(3) 今後の情報モラル教育と道徳教育に向けて（主に関連教材の紹介）の3点について言及する。

(1) 情報モラル教育をめぐる政策動向

1990年代──情報モラル教育の基盤形成期

　情報モラル教育の必要性が提唱され始めたのは、1990年代にさかのぼることができる。1996（平成8）年の中央教育審議会答申「21世紀を展望した我が国の教育の在り方について」では、情報化の「影」の部分への対応として、次のように情報モラルの必要性が示された。すなわち、「一人一人が情報の発信者となる高度情報通信社会においては、プライバシーの保護や著作権に対する正しい認識、『ハッカー』等は許されないといったコンピュータセキュリティーの必要性に対する理解等の情報モラルを、各人が身に付けることが必要であり、子供たちの発達段階に応じて、適切な指導を進める必要がある」というものである。

　その後、1997（平成9）年に情報化の進展に対応した初等中等教育における情報教育の推進などに関する調査研究協力者会議による「第1次報告─体系的な情報教育の実施に向けて─」において、「情報活用能力」が今日の「情報活用の実践力」「情報の科学的な理解」「情報社会に参画する態度」の3つで整理された。これ以降、情報モラルは「情報社会に参画する態度」の学習範囲として位置づけられることになった。

　さらに1998（平成10）年の中学校学習指導要領では、「技術・家庭」に「情報とコンピュータ」が、1999（平成11）年の高等学校学習指導要領では「情報」が新設され、それぞれにおいて情報モラルの必要性を考えることや情報モラルの育成を図ることが示された。そして2000（平成12）年の「高等学校学習指導要領解説　情報編」で、情報モラルが「情報社会で適正な活動を行うための基になる考え方と態度」と定義された。この定義は、現在の文部科学省の政策や学習指導要領に引き継がれている。

2000年代──情報化の進展にともなう情報モラル教育の推進

　このように2000（平成12）年頃には今日における情報モラルの基礎となる政策が出されたが、情報モラル教育への対応を上回る早さで社会の情報化が進展した。2000（平成12）年以降、携帯電話を所有する児童生徒が増加し、児童生

徒のインターネットをめぐるトラブルの件数が増大し、トラブルの内容も多様化・複雑化していった。なかには殺人事件にまで発展する事件もあり、社会に大きな衝撃を与えた。そこで文部科学省は、2008（平成20）年に『「ネット上のいじめ」に関する対応マニュアル・事例集（学校・教員向け）』を刊行し、2009（平成21）年には「学校における携帯電話の取扱い等について」を教育委員会等に通知するなどの対策を講じた。

　加えて、2008（平成20）年の小・中学校学習指導要領では、総則や各教科等で情報モラルに関する指導が盛り込まれ、学校での情報モラルに関する指導の重要性が強く指摘されることになった。小・中学校ともに各教科等で情報モラルを身につけるような学習活動を充実させることが配慮事項として示され、たとえば小学校では国語や特別活動（学級活動）、中学校では社会や保健体育で、情報モラルの指導が求められている。

　特筆されることは、道徳で情報モラルについて記述されたことである。「小学校学習指導要領解説　道徳編」（2008〈平成20〉年）では、情報モラルを道徳と関連づけた指導内容として、①ネット上の書き込みのすれ違いなど他者への思いやりや礼儀の問題や友人関係の問題、②情報を生かすときの法やきまりの遵守に伴う問題を取り上げる必要性が言及された。指導を行う上では、①情報モラルにかかわる題材を生かした話合い、②コンピュータによる疑似体験を採用した授業、③児童の生活体験の中の情報モラルにかかわる体験を想起させたりすることなどの工夫が求められるとされた。同様のことは、「中学校学習指導要領解説　道徳編」（2008〈平成20〉年）でも記載され、情報モラル教育が道徳教育と関連づけて学習指導要領で言及された。このように、情報化の進展を受けて、情報モラル教育が道徳教育と関連づけられて、いっそう推進されることになった。

(2) 新学習指導要領（2017〈平成29〉年告示）における情報モラルの位置づけ

　2010年代に入ると、さらに情報化が加速した。本節の冒頭に述べたように、児童生徒の間にスマートフォンやSNSが急速に普及した。誰もが情報の発信

者となれる時代が到来し、SNSへの書き込みをめぐるトラブルや「ネットいじめ」といった問題がより多く報告されるようになり、情報社会のあり方や生き方に関する指導という点からも、情報モラル教育への期待が高まった。

また、2015（平成27）年の学習指導要領の一部改正によって、道徳教育は教科化という大きな転換点を迎えた。道徳科では、従来の「読み取り道徳」から「考え、議論する道徳」への質的転換が強調された。従来の道徳の時間は、読み物の登場人物の心情を読み取ることなどに重点を置くことが多かったが、今後の道徳科では、登場人物の心情を多面的・多角的に考えることで道徳的価値の自覚を深めること、生きていく中で遭遇する道徳的な諸課題を、児童生徒が主体的に解決できるようになるための、「問題解決的な学習」が重視されることになった。以下では、2017（平成29）年に全面改訂された小・中学校学習指導要領における情報モラルに関するポイントを整理する。

「小学校学習指導要領解説　総則編」において、情報モラルは「学習の基盤となる資質・能力」の1つである情報活用能力として特筆された。具体的には、①他者への影響を考え、人権、知的財産権など自他の権利を尊重し情報社会での行動に責任をもつこと、②犯罪被害を含む危険の回避など情報を正しく安全に利用できること、③コンピュータなどの情報機器の使用による健康との関わりを理解すること、の3つが情報モラルとして示されている。さらに情報技術やサービスの急速な変化を受けて、学校や教師はこれらの実態や影響に関する最新の情報を入手しながら、児童生徒への指導を行うことが求められている。

「小学校学習指導要領解説　特別の教科　道徳編」では、「児童の発達の段階や特性等を考慮し、（中略）情報モラルに関する指導を充実すること」とされ、情報モラルに関する指導上の配慮事項が示された。内容は2008（平成20）年の同解説とほぼ同様である。しかし、児童によるインターネットをめぐるトラブルの増加をふまえて、新たに「インターネット上の法やきまりを守れずに引き起こされた出来事などを題材として規則の尊重に関わる授業を進めること」が加わり、規則を遵守することを意識した指導の必要性が示された。以上のことは、「中学校学習指導要領解説　特別の教科　道徳編」でも述べられた。

(3) 今後の情報モラル教育と道徳教育に向けて

　先述のとおり、今回の道徳の教科化は、児童生徒が考え議論するという児童生徒の主体性を重んじる道徳教育への転換をねらいとしたものであった。道徳教育としての情報モラル教育も、たんに教師が児童生徒に一方的にインターネットやSNSの使い方やきまりを教えるというのではなく、たとえば、児童生徒がインターネットやSNSをめぐるトラブルについて事例をもとに協議するなど、児童生徒が情報モラルについて主体的に考え議論することが求められている。
　情報モラルに関する教材は、文部科学省や関連企業・団体等がこれまでも作成してきたので、教科書に加えて、これらの教材も随時参照するとよいであろう。本節の最後に、代表的な情報モラルに関する教材や参考になるWebサイトを紹介したい。
　情報モラル教育の概要や教育実践の進め方については、2011（平成23）年に国立教育政策研究所が作成した「情報モラル教育実践ガイダンス～すべての小・中学校で、すべての先生が指導するために～」（https://www.nier.go.jp/kaihatsu/jouhoumoral/guidance.pdf）が参考になる。情報モラル教育を進める4つのステップ、情報モラル指導カリキュラムチェックリスト、情報モラル教育指導例が示されており、情報モラル教育を計画する際に活用するとよい。その他、情報モラル教育の実践を知りたい場合には、2007（平成19）年度文部科学省委託事業「情報モラル指導ポータルサイト」（http://jnk4.info/www/moral-guidebook-2007/）にアクセスするとよい。同サイトには200件の教育実践が登録されており、学校種、学年、教科、学習目標等でキーワード検索も可能で、必要に応じた教育実践を参照することができる。
　疑似体験を通じて情報モラルを学習するには、文部科学省と独立行政法人教員研修センター（現・教職員支援機構）が2005（平成17）年に作成した「情報モラル研修教材2005」（http://www.yachiyo.ed.jp/yachiyo/shiryo/moraru/index.htm）が参考になる。チャット、ブログ、掲示板などのインターネットでのトラブルについて、被害者や加害者それぞれの立場が体験できる。
　事例を集めた教材については、まず、インターネットをめぐるトラブル全般をまとめたものとして、総務省の「インターネットトラブル事例集」（http://

www.soumu.go.jp/main_sosiki/joho_tsusin/kyouiku_joho-ka/jireishu.html）があげられる。また、携帯電話やスマートフォンの利用に関する教材として、文部科学省の「ケータイ&スマホ、正しく利用できていますか？」（http://www.mext.go.jp/a_menu/sports/ikusei/taisaku/index.htm）、さらに、サイバー犯罪に関するビデオ教材として、公益財団法人警察協会「ビデオライブラリー」（http://www.keisatukyoukai.or.jp/library.html）がある。これらの教材は、授業のまとめや復習教材として、児童生徒に提示できるだろう。その他、情報モラル教育に関する教材や参考Webサイトの一覧は、教育委員会や教育センターがまとめていることが多いので、そこで多様な事例が適宜参照できる（例：茨城県教育研修センター「情報モラル教育のすすめ」http://www.center.ibk.ed.jp/?page_id=141）。

　ただし、以上紹介した教材で取り上げられている情報通信媒体やサービスは、情報技術やサービスの変化により、すでに児童生徒にとってなじみのないものになっているものもある。だが、たとえ情報通信媒体やサービスが変わっても、情報モラルに関する基本的な論点は大きくは変わらない。そのため、必要に応じて児童生徒の間で普及している媒体やサービスに置き換えて、情報モラルに関する指導を行い、児童生徒の関心や理解を促すように工夫できるだろう。たとえば、2018年現在広く普及しているLINEは、「LINEの安心安全ガイド」（https://linecorp.com/ja/safety/index）の中で、ワークショップ教材を提供している。こうした教材も活用することによって、児童生徒は、自分たちにとって身近な媒体やサービスを使用する上で注意しなければならない点を具体的にイメージしながら学ぶことができるであろう。

　今後も、児童生徒が使用する情報通信媒体やサービスは変化すると考えられる。このような中で、児童生徒が日常生活でよく使用する情報通信媒体やサービスに関する知識や実際の使い方などを教師が学ぶこともまた、情報モラル教育を行う上で、重要になるであろう。

3　幼小連携と道徳教育

　私たちは、幼児期の子どもたちを、道徳性が芽生える準備段階にあると考え

る。幼児教育・保育の現場においては、保育者の設定するさまざまな環境、手法によって、子どもたちは道徳的な事柄について、無自覚的に影響を受けたり、直接的に学んだりする。一般に、幼稚園、保育所、幼保連携型認定こども園（以下「認定こども園」）等の幼児教育・保育を担う教育機関・施設は、小学校就学に向けた準備期間として捉えられているが、その教育・保育の内実はどのようになっているのだろうか。以下では、幼小連携というキーワードを軸にして、両者の接続について説明していく。

(1) 幼小連携の現在

「幼小連携」とは、幼稚園や保育所、認定こども園等の、乳幼児期の子どもたちを教育・保育対象とした組織と小学校との間の、さまざまなかたちをとった交流、合同作業、混合教育等を表す言葉である。幼稚園と保育園の違いを際立たせるために、「幼小連携」に対して「保小連携」という用語が使用されることもあれば、まとめて「保幼小連携」という言葉が使用されることもある。古くは、学校教育法の1条校に該当し文部科学省が管轄するという関係性から、小学校との連携は幼稚園が重視されてきた。しかし現在では、厚生労働省が管轄する保育所、内閣府が管轄する認定こども園においても、小学校との連携は重要視されており、実質的な幼小連携上の差異というのは、現場レベルではほとんど感じられていない。

2017（平成29）年3月に改訂された、幼稚園教育要領、保育所保育指針、幼保連携型認定こども園教育・保育要領においては、総則の中で「幼児教育を行う施設として共有すべき事項」が定められた。ここでは、幼児期の子どもたちに育みたい資質・能力が次のように明記されている。

【知識及び技能の基礎】豊かな体験を通じて、感じたり、気付いたり、分かったり、できるようになったりする。
【思考力、判断力、表現力等の基礎】気付いたことや、できるようになったことなどを使い、考えたり、試したり、工夫したり、表現したりする。
【学びに向かう力、人間性等】心情、意欲、態度が育つ中で、よりよい生活

を営もうとする。

　この3つの項目は、小学校以降の学習指導要領でキーワードとなっている、生涯にわたる「生きる力」の基礎を培うため、「保育の目標」をふまえた上で、一体的に育まれることが要求されている。さらに、この3項目の具体的な方向性として、「幼児期の終わりまでに育ってほしい姿」が10項目に分けて説明されている。以下の10項目は、保育活動全体を通して資質・能力が育まれる子どもの小学校就学時の具体的な姿として設定されており、保育士等が指導を行う際に考慮するものとされている。

　ア　健康な心と体
　イ　自立心
　ウ　協同性
　エ　道徳性・規範意識の芽生え
　オ　社会生活との関わり
　カ　思考力の芽生え
　キ　自然との関わり・生命尊重
　ク　数量や図形、標識や文字などへの関心・感覚
　ケ　言葉による伝え合い
　コ　豊かな感性と表現

　これらの「幼児期の終わりまでに育ってほしい姿」は、2017（平成29）年度の改訂において、幼稚園教育要領、保育所保育指針、幼保連携型認定こども園教育・保育要領のすべてに共通して記載されているものではあるが、これまでの教育課程の基準の中にもまったく記述がなかったということではなく、さまざまなかたちで旧来の基準にも文章中に散りばめられていたキーワードであったといえる。今回、このようなかたちで、とくに「幼児期の終わりまで」という小学校就学の時期が強調されているのには、どの幼児がいかなる保育施設に通おうとも、等しく、平等に、良質の教育を受けられる保証を、国として行いたいという事情がある。

道徳教育との関係が深い「幼児期の終わりまでに育ってほしい姿」の4番目に位置している「エ　道徳性・規範意識の芽生え」には、小学校就学までに子どもたちに育ってほしい様子が簡潔に、次のように説明されている。

エ　道徳性・規範意識の芽生え
　友達と様々な体験を重ねる中で、してよいことや悪いことが分かり、自分の行動を振り返ったり、友達の気持ちに共感したりし、相手の立場に立って行動するようになる。また、きまりを守る必要性が分かり、自分の気持ちを調整し、友達と折り合いを付けながら、きまりをつくったり、守ったりするようになる。

　幼児期の子どもたちは、学習ではなく、遊びを中心とした体験を通じて、さまざまな道徳的な体験をする。道徳的な体験は、幼児の発達段階においては適切に自覚・反省できないケースも想定されるが、おおよそ小学校入学前にはそうしたこともある程度可能になるという見通しに立っている。したがって、幼児教育の現場においても、「友達の気持ちに共感する」「相手の立場に立って行動する」等の他者との適切な間合いの取り方は、体験中心に体得することが可能である。そして、こうして培われた道徳性を土台にして、小学校以降の道徳教育へと接続していくことになる。
　また、2017（平成29）年の小学校学習指導要領の第2章第5節の第3の1の(4)においては、指導計画の作成について次のように示されている。

1　指導計画の作成に当たっては、次の事項に配慮するものとする。
(4) 他教科等との関連を積極的に図り、指導の効果を高め、低学年における教育全体の充実を図り、中学年以降の教育へ円滑に接続できるようにするとともに、幼稚園教育要領等に示す幼児期の終わりまでに育ってほしい姿との関連を考慮すること。特に、小学校入学当初においては、幼児期における遊びを通した総合的な学びから他教科等における学習に円滑に移行し、主体的に自己を発揮しながら、より自覚的な学びに向かうことが可能となるようにすること。その際、生活科を中心とした合科的・関連的な指

第 10 章　現代的課題に取り組む道徳教育

導や、弾力的な時間割の設定を行うなどの工夫をすること。

　幼児期に遊び・体験を中心にして獲得された資質・能力を小学校入学後に、計画的に活用して小学校の学びを円滑・豊穣に進めていく姿勢が、今後の学校教育には求められており、道徳教育もそうした大きな流れの中に位置づけられている。

(2) 教育課程の基準における道徳教育の取り扱い

　次に、2017 年 3 月に改訂された幼稚園教育要領の記載内容の中で、とくに道徳教育に関わる部分に注目して、その特質を説明する。今回の改訂において、体裁の面でもっとも大きく変化したのは、「前文」の新設である。法律に添えられる前文は、一般にはその法律の全体像や方向性を示すものであるが、幼稚園教育要領の前文もそれらを表しているという点では同様である。
　前文においては、まず、教育基本法における教育の理念が紹介される。教育基本法は国の教育政策の根本をなす精神そのものであり、この法に則って幼稚園以降の各学校種は例外なく運営されなければならない。幼児期の教育は、「生涯にわたる人格形成の基礎」を培う重要な時期であることがあらためて強調される。そして、国および地方公共団体は、幼児の健やかな成長に資する良好な環境の整備等の振興に努めなければならないことが明言されている。
　教育基本法の第 2 条第 1 号には、「幅広い知識と教養を身に付け、真理を求める態度を養い、豊かな情操と道徳心を培うとともに、健やかな身体を養うこと」という項目が設定されている。幼稚園教育はこの目標の枠組みの中で、自らの教育の方向性を決定しなければならないので、「道徳心を培う」ための具体的な手段の構築は重要な課題だといえる。
　次に、こうした前提に基づいて、幼稚園教育要領の本文中には、道徳教育としてどのような記述が設けられているのかを説明する。「道徳」というキーワードで際立つのは、「第 2 章　ねらい及び内容」における保育の 5 領域の中の「人間関係　3　内容の取扱い」の (4) の記載である。

人間関係
〔他の人々と親しみ、支え合って生活するために、自立心を育て、人とかかわる力を養う。〕
3　内容の取扱い
(4) 道徳性の芽生えを培うに当たっては、基本的な生活習慣の形成を図るとともに、幼児が他の幼児とのかかわりの中で他人の存在に気付き、相手を尊重する気持ちをもって行動できるようにし、また、自然や身近な動植物に親しむことなどを通して豊かな心情が育つようにすること。特に、人に対する信頼感や思いやりの気持ちは、葛藤やつまずきをも体験し、それらを乗り越えることにより次第に芽生えてくることに配慮すること。

　道徳性の芽生えの「芽生え」には、将来に道徳性が形成される前段階という含みがある。およそ道徳教育は、幼児期においては、こうした見込みによって運用されている。幼児に道徳性の基礎形成期を見る考え方は、これまでの伝統的な道徳教育観である。幼児の道徳性の発達には、身体的な発達等の他の分野の発達と同様に個人差が存在するので、その点では、個々の幼児に対応する作業をないがしろにすることはできない。この記述からは、幼児期の道徳教育の特性は体験を中心に学んでいくということが読み取れる。小学校以降の道徳教育もそうした傾向はもちろんあるが、幼児期に関してはとくにこの点が強調されている。

(3) 幼小連携の具体的な取り組み

　2009（平成21）年3月に文部科学省と厚生労働省によってまとめられた「保育所や幼稚園等と小学校における連携事例集」には、幼小連携の優れた事例が多く紹介されている。日本では、ほぼすべての5歳児がいずれかの保育施設に通っている現状があり、この点からいえば、幼小連携の取り組みは喫緊の課題である。そして連携の効果として想定されるものとしては、「子ども同士の交流活動」があげられる。幼児の側からすれば、小学生と一緒に遊び、体験活動することによって異年齢交流が進み、人間関係の形成の面で多くのことを学ぶ

機会になるし、道徳教育の面でも、親切にされたり、年上の子どもの手伝いを進んで行ったりすることで多くの教育効果が見込める。また、小学生の側から考えると、自分よりも年少者を相手に、力の弱さやコミュニケーションの難しさにふれることで、社会的弱者に対する視点を育むことが可能である。つまり、幼児と小学生の双方にとって、道徳教育的な面で相乗効果が得られるといえるだろう。また、そうした様子を見ている教師にとっても貴重な機会である。教師は、幼児と小学生がふれあっている現場に立ち会うことによって、さまざまな気づきを得る。また、道徳的な課題を見いだし、それを小学校で道徳の時間のテーマとして採用することもできる。そして、この経験を生かして道徳教育の年間指導計画を修正したり、新規に作成したりすることが可能になる。

　たとえば、「保育所や幼稚園等と小学校における連携事例集」では、具体的な取り組みとして、滋賀県大津市の保幼小連携例が紹介されている。

①保育、授業の相互参観
・小学校に進学した幼児の指導をつなぐための参観と協議会
・互いの校内研究や園内研究に参加
・小学校の校内研究部会に幼稚園教諭も一部員として参加
②合同研修会（講師招聘・子どもの実態交流など）
・夏季休業中など比較的時間の確保がしやすい時期に合同研修会を行う。講師招聘のための費用は、実施する校園の申請により大津市教育委員会の幼小連携事業の研究指定や校園内研修に係る予算から支出している。
③出前授業や入り込み授業（保育）
・交流計画の内容と幼児児童の状況に応じて、小学校の教師が幼稚園や保育所で保育の一部に参加したり、幼稚園の教師が小学校の授業の一部に参加したりする。
④個々の子どもの指導や発達の接続を図るための連絡会
・特に小学校への進学を意識して、幼児の指導をつなぐために互いの保育や授業を公開し、その後協議をする。

いずれの取り組みも、準備のための時間も含め、かなりの労力を必要とする。たとえば、相互参観ひとつとっても、事前の打ち合わせから、本番、そして事後の振り返りの機会の確保、次回の計画への活用等々、これを極めようと思えば、際限なく作業量が増えていく。とくに、道徳教育をテーマにした場合、その指導のもとになるのは、子どもたちの日常の姿なので、この点での情報交換・共有はとくに念入りに行う必要があるだろう。しかしながら、保育士や教員の仕事量は膨大で、こうした幼小連携のために割ける時間は限られている。学校の教育活動の全体計画の中に、こうした視点を反映させなければ、全国的に幼小連携が盛んになることは難しいだろう。

(4) スタートカリキュラムと今後の課題

スタートカリキュラムとは、幼稚園、保育所、認定こども園を卒園した幼児が、小学校に入学する際に、できるかぎりスムーズに学習面でも生活面でも適応できるようにサポートするカリキュラムのことである。子どもたちは、小学校第1学年で生活科を学ぶ。生活科は「遊び」の要素を学習に取り入れるなど、その教科設定の特質上、とくに幼小連携と関連性が強い。たとえば、学校を探検することや近所の公園に行くことは、幼児期の教育との系統性の上に成り立つ学習だといえる。

こうした視点に立てば、現代の幼小連携はこれまでよりもより柔軟に対応する仕組みができているといえる。この考え方の根底にあるのは、小学校における学習が、幼児期の学習成果に基づくということである。したがって、道徳教育においても、幼児期における子どもたちのさまざまな気づき、発見、感動がその土台にくることは想像にかたくない。そして小学校においては、生活科を中心にしてこれを引き受け、他教科や道徳教育へと系統性をもたせつつ、子どもたちの教育にあたっていく必要がある。

そもそも、このような取り組みが年々盛んになってきたことには明確な理由がある。それをひと言で表現すれば、「小1プロブレム」という現象である。「小1プロブレム」とは、小学校1年生の授業中に見られる立ち歩き、私語、教師からの指示の無視等の総称であり、長年、小学校の教育現場における課題

として指摘されてきた。昭和の時代にはあまり見られなかった状況であり、現代的な教育課題の1つである。

　スタートカリキュラムは「幼児期の終わりまでに育ってほしい姿」を基礎として組み立てられる学習指導計画である。日本で実施される教育課程の全体がスタートカリキュラムの導入によって円滑に接続していくことができれば、たんに教科学習の円滑さに寄与するだけではなく、道徳教育の円滑な接続にも大きな成果を上げることになるだろう。

4　キャリア教育と道徳教育

(1) 学校教育におけるキャリア教育

　「キャリア教育」という文言が公的に登場したのは、1999（平成11）年の中央教育審議会（以下「中教審」）答申「初等中等教育と高等教育との接続の改善について」においてである。同答申は「キャリア教育を小学校段階から発達段階に応じて実施する必要がある」こと、さらにその実施にあたっては「家庭・地域と連携し、体験的な学習を重視するとともに、各学校ごとに目的を設定し、教育課程に位置付けて計画的に行う必要がある」ことなどを提言している。この答申では、「キャリア教育」を「望ましい職業観・勤労観及び職業に関する知識や技能を身に付けさせるとともに、自己の個性を理解し、主体的に進路を選択する能力・態度を育てる教育」であると定義している。この答申の提言を受け、調査研究や国による「若者自立・挑戦プラン」の策定（2003〈平成15〉年）等の取り組みがなされた。

　その後、2006（平成18）年の教育基本法の改正の際に、第2条（教育の目標）第2号に「個人の価値を尊重して、その能力を伸ばし、創造性を培い、自主及び自律の精神を養うとともに、職業及び生活との関連を重視し、勤労を重んずる態度を養うこと」が規定された。また、同法第5条（義務教育）第2項では「義務教育として行われる普通教育は、各個人の有する能力を伸ばしつつ社会において自立的に生きる基礎を培い（以下略）」と定められ、社会的自立が義務

教育の目標の中に位置づけられた。

　さらに翌2007（平成19）年には、学校教育法の第21条（義務教育の目標）において、教育基本法におけるキャリア教育に関連する諸目標が、第1号、第4号等で具体的に示されるとともに、第10号では、「職業についての基礎的な知識と技能、勤労を重んずる態度及び個性に応じて将来の進路を選択する能力を養うこと」が定められ、これらが、キャリア教育を推進する上での法的根拠となっている。

　こうした法的整備が進められていく中で、キャリア教育の範囲は、当初の1999（平成11）年の答申で定義された「主体的に進路を選択する能力・態度を育てる教育」から、「社会的・職業的自立のために必要な能力」を育てる教育へと、より広い範囲を含んだ教育への転換が求められることになった。こうした動向をふまえ、2011（平成23）年の中教審答申「今後の学校におけるキャリア教育・職業教育の在り方について」では、「キャリア教育」を「一人一人の社会的・職業的自立に向け、必要な基盤となる能力や態度を育てることを通して、キャリア発達を促す教育」と定義している。なお同答申では、「キャリア発達」について「社会の中で自分の役割を果たしながら、自分らしい生き方を実現していく過程」であるとしている。

　また同答申では、キャリア教育で具体的に育成すべき力として、「基礎的・汎用的能力」をあげている。この基礎的・汎用的能力は「人間関係形成・社会形成能力」「自己理解・自己管理能力」「課題対応能力」「キャリアプランニング能力」の4つの能力によって構成され、これら4つの能力は、「それぞれが独立したものではなく、相互に関連・依存した関係」にある「包括的な能力概念」であるとしている。

　2016（平成28）年の中教審答申「幼稚園、小学校、中学校、高等学校及び特別支援学校の学習指導要領等の改善及び必要な方策等について」では、基本的にはこの「基礎的・汎用的能力」の育成を目指しつつも、これまでの取り組みの課題をふまえ、「社会への接続」「職業を通じて未来の社会を創り上げていくという視点」などをより明確にし、「学校で学ぶことと社会との接続を意識」していくことがより重視されている。そのため2017（平成29）年の学習指導要領では第1章第4の3で、「児童（生徒）が、学ぶことと自己の将来とのつな

がりを見通しながら、社会的・職業的自立に向けて必要な基盤となる資質・能力を身に付けていくことができるよう、特別活動を要(かなめ)としつつ各教科等の特質に応じて、キャリア教育の充実を図ること」が、中学校ではさらにこれに続けて「その中で、生徒が自らの生き方を考え主体的に進路を選択することができるよう、学校の教育活動全体を通じ、組織的かつ計画的な進路指導を行うこと」が示されている。

以上のように、キャリア教育は「特別活動」を「要」として行われるものではあるが、道徳を含む教育活動全体の中で、とくに中学校では「進路指導」を見通して、教育活動全体で取り組むことの必要性が示されている。

(2) 道徳教育とキャリア教育

以上、キャリア教育の登場から現在に至るまでの経緯、また、キャリア教育に求められるものについて確認してきたが、以下では、道徳教育とキャリア教育の関連について、道徳教育全体の目標と、内容項目との関連の2つの視点から検討してみたい。

道徳教育の目標とキャリア教育

小・中学校における道徳教育は、「自己(中学:人間として)の生き方を考え、主体的な判断の下に行動し、自立した人間として他者と共によりよく生きるための基盤となる道徳性を養うことを目標」としている。したがって、「社会的・職業的自立のために必要な能力」の育成を目指すキャリア教育とは、「自立」という点で、その目標を共有しているといえる。

では、「自立」とは何であろうか。英語において自立 "independence" は、依存を意味する "dependence" に、否定を意味する接頭辞 "in-" がついたもの、すなわち「依存の否定」である。たしかに、生まれたばかりの人間の赤ん坊は、養育者の助けなしには1日も生きていけない存在、すなわち、養育者に全面的に「依存」した存在である。人間の成長・発達とは、こうした全面的な依存状態を少しずつ「否定」し、「一人前の大人」として「自立」していくことを含意している。しかし、その生涯にわたって共同体の中でしか生きるこ

とのできない「共同体的な動物」でもある人間は、つねに他者に「依存」し、「依存」なしには生きていけない存在であるともいえる（第8章参照）。

こうした「自立」の理解から、道徳教育の目標である「自立した人間として他者と共によりよく生きるための基盤となる道徳性を養うこと」を捉え直してみたとき、「自立した人間」であることは、「他者と共によりよく生きる」ことの前提として位置づけられることになる。ゆえに自立した人間とは、一人で生きることではなく、共同体の中で他者を支え、また他者に支えられながら生きていくことができる前提となるあり方であり、その基盤となる道徳性を養うことが道徳教育には求められているといえるだろう。

では、私たちはどのようにして、共同体の中で他者と相互に支え合いながら生きてくのであろうか。キャリア教育との関連でいえば、「働くこと」を通して社会や共同体の中で役割を果たしていくことがその1つであるだろう。「働くこと」といえば、一般的には就職して賃金を得ることが思い浮かべられるが、たとえばフランスの社会学者ブルデュー（Bourdieu, P.）は、労働には「利益のための活動としての労働」と「社会的任務としての労働」の2つがあることを示している。もちろん、生活をしていく上では「利益のための活動としての労働」も重要ではあるが、もう1つの側面である「社会的任務としての労働」も重要である。なぜなら、「社会的任務としての労働」は、私たちが社会とつながる重要な手段であるからである。

このことは、2011（平成23）年の中教審答申において、キャリア教育は「勤労観・職業観を育てる教育」としてだけでなく、「社会的・職業的自立のために必要な能力の育成」も重要であるとした上で、「社会の中で自分の役割を果たしながら、自分らしい生き方を実現していく過程」である「キャリア発達」を促す教育としていることともつながってくる。

さらに、2016（平成28）年の中教審答申では、「学校で学ぶことと社会との接続」を重視している。それゆえ、今後進めていくべきキャリア教育においては、「働くこと」のもつ2つの意味に留意しつつ、社会との接続を意識した「一人一人の社会的・職業的自立」に向けた指導が不可欠である。同答申では、道徳教育に限定したキャリア教育との関連について言及してはいないものの、2017（平成29）年の学習指導要領の中心となる「主体的・対話的で深い学び」

との関連にふれている。具体的には、日常の学習指導において、「自己のキャリア形成の方向性と関連付けながら見通しを持ったり、振り返ったりしながら学ぶ『主体的・対話的で深い学び』」の実現が、教育課程全体を通じたキャリア教育の推進につながるとしている。

こうした動向をふまえると、道徳教育におけるキャリア教育としては、「働くこと」を、社会や地域、職業とのつながり、さらには、自己のキャリア形成を含む広い視点から捉え、「自立した人間として他者と共によりよく生きるための基盤となる道徳性を養うこと」と関連づけた指導が必要となるだろう。

道徳教育とキャリア教育との関わりについて、『中学校　キャリア教育の手引き』では、「キャリア教育が目指す『社会的・職業的自立、社会・職業への円滑な移行に必要な能力の育成』のためには、人生における『働くこと』の重要性や意義についての考えや自己の将来に対する意欲の基盤となる勤労観・職業観等の価値観を自ら形成・確立できる子どもの育成が求められます。そこで、学校における道徳教育は、豊かな心をはぐくみ、人間としての生き方の自覚を促し、道徳性を育成することをねらいとする教育活動であり、社会の変化に主体的に対応して生きていくことができる人間を育成する上で重要な役割を担うことからも、キャリア教育との深いかかわりがあるといえます」と示している。そのため、道徳教育の各内容項目とも密接なつながりをもっているので、以下では、道徳教育の内容項目とキャリア教育との関連について確認してみたい。

道徳教育の内容項目とキャリア教育

「キャリア教育」が「勤労観・職業観を育てる教育」のみならず、より広く「一人一人の社会的・職業的自立」に向けた教育として行われていることを確認したが、「勤労観・職業観を育てる教育」を軽視したり、排除したりするものではないし、「勤労観・職業観を育てる教育」が重視されていることには変わりがない。内容項目ごとのねらいについては第8章に示されているので、キャリア教育とのつながりに絞って確認したい。

キャリア教育と密接に関連のある道徳の内容項目として、小学校における「勤労・公共の精神」、中学校における「勤労」があげられるだろう（中学校で

表10-1 「勤労・公共の精神」等に関連する内容項目

学年・学校段階	内容項目
小学校1・2年	C（12）［勤労・公共の精神］働くことのよさを知り、みんなのために働くこと。
小学校3・4年	C（13）［勤労・公共の精神］働くことの大切さを知り、進んでみんなのために働くこと。
小学校5・6年	C（14）［勤労・公共の精神］働くことや社会に奉仕することの充実感を味わうとともに、その意義を理解し、公共のために役に立つことをすること。
中学校	C（13）［勤労］勤労の尊さや意義を理解し、将来の生き方について考えを深め、勤労を通じて社会に貢献すること。
	《参考》C（12）［社会参画、公共の精神］社会参画の意識と社会連帯の自覚を高め、公共の精神をもってよりよい社会の実現に努めること。

は、「公共の精神」は「社会参画、公共の精神」と別項目として立てられている）。この内容項目は、自身の仕事に対して誇りや喜びをもち、働くことや社会集団に奉仕することの充実感を通して、みんなのために働くことの意義を自覚し、進んで公共のために役立つことに関する内容項目である。そこでまず、各学年段階における内容項目を確認してみたい（表10-1参照）。

　小学校1・2年の段階では、働くことのよさを感じて意欲を高めるきっかけとすること、小学校3・4年の段階では、働くことが自分自身にとってだけでなく、他者にとっても役立つことを感じ取るとともに、実践的な活動につなげること、小学校5・6年の段階では、自他を超えて、社会や公共を意識しながら、実践活動を通して自己のあり方を見つめ直すこと、中学校の段階では、生徒自らの具体的な進路をふまえつつ、より具体的に働くことの意義を社会への貢献の視点をもって理解することが求められている。

　ここでは、「自分自身に関すること」から始め、「人との関わり」をふまえつつ、「集団や社会との関わり」へと、関わりの範囲を広げていくとともに、身のまわりの具体的な活動から、社会や共同といった抽象的な目に見えないものを意識した活動へと、児童生徒の発達の段階に即して指導していくことが示されている。

　もちろん、こうした理解や実践は、小学校における「勤労・公共の精神」、

第10章　現代的課題に取り組む道徳教育

中学校における「勤労」(「社会参画、公共の精神」) の内容項目だけで実現できるものではない。『中学校　キャリア教育の手引き』では、「基礎的・汎用的能力」を構成する「人間関係形成・社会形成能力」「自己理解・自己管理能力」「課題対応能力」「キャリアプランニング能力」の4つの能力と、内容項目との具体的な関連を示している。『キャリア教育の手引き』は 2011 (平成 23) 年に出されたものであるため、2008 (平成 20) 年の学習指導要領の内容項目に即して例示されているが、4視点の 24 項目すべてと関連があることが示されている。したがって、キャリア教育の視点をもって道徳教育の指導計画を立てていくこと、また、道徳教育とのつながりを意識してキャリア教育を進めていくことが必要であろう。

また、2017 (平成 29) 年の学習指導要領第 1 章第 4 の 3 において示されているように、道徳科の指導としては、自治体の示す学校教育の指針や、学校における教育の全体計画におけるキャリア教育の重点目標や道徳教育の目標をふまえた道徳教育の全体計画に基づいて、道徳科の年間指導計画の中に位置づけていくことも重要である。

さらに 2016 (平成 28) 年の答申では、「キャリア教育は、子供たちに社会と職業との関連を意識させる学習であることから、その実施に当たっては、地域との連携が不可欠」であり、「地域全体で子供の社会的・職業的自立に向けた基盤を作っていくことができるよう」にすることも求められている。すでに、小学校では職場見学等、中学校では職場体験等として実施されているところであるが、2017 (平成 29) 年学習指導要領第 1 章第 6 の 3 では、これらの体験活動と道徳教育を関連づけて児童生徒の日常生活に、とくに中学校では「職場体験活動」をふまえて生かされるようにしていくことが示されている。

ただし、「よりよく生きるための基盤となる道徳性を養うことを目的」とする道徳教育と、「社会的自立・職業的自立に向けて必要な意欲・態度や能力の育成」を目指すキャリア教育では異なる部分もある。またキャリア教育においては、特別活動がその「要」とされている。そのため、道徳教育として行うキャリア教育の指導にあたっては、キャリア教育と道徳教育、また特別活動とのつながりと違いをふまえて児童生徒を指導し、教育活動を進めていくことが不可欠となる。

第Ⅱ部　これからの道徳教育と道徳科

参考文献

石原一彦「情報モラル教育の変遷と情報モラル教材」『岐阜聖徳学園大学紀要 教育学部編』第50集、2011年、101-116頁

押谷由夫・柳沼良太編著『道徳の時代がきた！――道徳教科化への提言』教育出版、2013年

神長美津子『心を育てる幼児教育――道徳性の芽生えの育成』東洋館出版社、2004年

厚生労働省『平成23年版 労働経済の分析』2011年

汐見稔幸・無藤隆監修『保育所保育指針 幼稚園教育要領 幼保連携型認定こども園教育・保育要領 解説とポイント』ミネルヴァ書房、2018年

総務省総合通信基盤局消費者行政第一課青少年担当『インターネットトラブル事例集（平成29年度版）』2017年

ブルデュー，P.、原山哲訳『資本主義のハビトゥス――アルジェリアの矛盾』藤原書店、1993年

松本美奈・貝塚茂樹・西野真由美・合田哲雄編『特別の教科 道徳 Q&A』ミネルヴァ書房、2016年

無藤隆『幼児期の終わりまでに育ってほしい10の姿』東洋館出版社、2018年

森口朗『いじめの構造』新潮社、2007年

文部科学省『幼稚園における道徳性の芽生えを培うための事例集』ひかりのくに、2001年

文部科学省『教育の情報化に関する手引』2010年

文部科学省『生徒指導提要』2010年

文部科学省『「心のノート 小学校」活用のために 平成21年度改訂版』廣済堂あかつき、2010年

文部科学省『「心のノート 中学校」活用のために 平成21年度改訂版』廣済堂あかつき、2010年

文部科学省『小学校 キャリア教育の手引き〈改訂版〉』教育出版、2011年

文部科学省『中学校 キャリア教育の手引き』教育出版、2011年

第11章

これからの社会を「考え、議論する」道徳教育

　「人間はいかに生きるべきか」。この問いを、私たちは道徳教育を実践する際につねに念頭に置き続けなければならないだろう。この問いを考えるために、とてもリアルな人間理解を表明している哲学者がいる。17世紀オランダの思想家スピノザ（Spinoza, B.d.）である。彼は、感情に支配されざるをえないことに人間本性があると述べている。多元的な価値を認める共生の理想と、それに対立する感情のせめぎ合いの現在を思い描くとき、スピノザが人間観察の総括として掲げている、人間は本性上、他者を妬み、復讐を好み、他者を支配することを目指すという結論が、私たちの心に迫ってくるだろう。個々人の考え方の分断と対立を超えて共生社会を実現するという21世紀に生きる私たちが避けて通れない課題に、これからの道徳教育はどのように貢献すればいいのだろうか。このような問題意識から、道徳教育の未来を考えるとき、本章で紹介する「考え、議論する」道徳教育という方法論が、重要なヒントを与えてくれるのである。

1　これまでの道徳の授業が印象に残らなかった理由

　近年の道徳教育をめぐる大きな変更点の1つに、「道徳の時間」が「特別の教科　道徳」として教科化されたことがある。このことの背景には、従来の道徳の授業の効果についての疑問があった。私たちは義務教育段階の9年間、毎週1時間道徳の授業を受けてきたはずである。それにもかかわらず、なぜ道徳の授業についての印象が薄いのだろうか。これまでの道徳の授業というと、主人公が道徳的価値の葛藤場面に直面してためらい悩んだ末に、ある道徳的価値を含んだ行為を選択するというストーリーの資料を与えられる。そして葛藤場

面における主人公の心情に感情移入することを促され、その結果、その時間に扱われた道徳的価値に関する自分の理解の一面性や狭さに気づかされることが目標とされる。だがこうした方法では、学ばれるべき価値内容が資料に明示され、答えがあらかじめ与えられたかたちで授業が展開されることになるので、子どもの興味をよばないのではないか、感情移入がはたして子どもの道徳的価値認識の深化につながるのかという疑問が容易に浮かんでくるだろう。

　このような従来の道徳が孕んでいた問題点をふまえるならば、これからの道徳の授業は、何よりも道徳的価値を子どもに一方的に提示するのではなく、道徳的価値について考えることへの知的興味を呼び起こすものでなければならないだろう。そして単純に道徳的価値を提示するのではない道徳の目指すものについて、新しい学習指導要領は、「道徳的諸価値の理解」「一人ひとりの人間としての生き方についての考え」「人間としてよりよく生きようとする道徳性」といった資質・能力を、具体的な道徳的価値内容の理解を通して獲得することを求めていることをふまえるならば、道徳教育の新しい方法論が求められていることになる。そしてこの新しい方法論として、「考え、議論する」道徳教育が注目されている。

2　「考え、議論する」道徳教育が目指すもの

　「考え、議論する」道徳教育については、たとえば子どもの哲学対話を道徳教育の中心に据える P4C（Philosophy for Children）の試みが存在する。この試みを主導するリップマン（Lipman, M.）によれば、この道徳の方法論が目指すものは、まさに現代社会が要請しているものである。現代は、1つの価値観によって人びとをまとめ上げて共同体を維持する時代ではなくなっている。現代社会を生きる市民は、さまざまな価値観や文化的背景をもっている人びとが、互いを認め合い共生する多元的共生社会を生きることを求められている。この共生社会を生きるために必要な資質・能力として、リップマンは「多元的な思考」をあげ、それは「批判的思考」「創造的思考」「ケア的思考」の3つの要素からなるといっている。

第11章　これからの社会を「考え、議論する」道徳教育

　批判的思考というのは、外から与えられる考えとか情報の真偽を検討するという意味にとどまらない。私たちの内面を顧みても、私たちは無批判に「これは○○である」と信じ込んで、それに基づいて他の人びとや外の世界の出来事を評価してしまいがちである。しかし、こうした信念は、それを抱く人の生活や文化的背景に根ざしている場合が多いので、自分でそれを相対化して一面性や狭さに気づくことは難しい。それゆえ、自分の信念の狭さや一面性に気づかされるためには、自分とは異なる他者との対話が不可欠となる。批判的思考においては、他者との対話を通して、各人の考え方の背景にある理由や根拠を問いただし合うことになる。

　創造的思考は、芸術作品の制作にも通じる思考であり、独創的なものを発明すること目指す。つまり、批判的思考が促すのが信念への疑いであるとすれば、この思考によるだけでは、自分が基づいていた考え方の基盤が動揺して途方に暮れることで終わってしまうだろう。創造的思考は、批判的思考と連携しながら、不確実になった自分の考え方の基盤を組み直して、他者と一緒に受け入れうる新しい発想や思考法を作り出す。しかもリップマンは、創造的思考の活動が1度きりで終わってしまっては、それが生み出した思考法が再び独断的な信念に逆戻りしかねないことに警鐘を鳴らす。だから創造的思考は批判的思考と協働しながら、新しく生み出された思考法や考えの根拠をさらに吟味して絶えず考えを深め拡げていくことを促していく。

　ケア的思考とは、ケアの意味にある「配慮する」や「世話する」などの姿勢を思考に持ち込むということである。つまり、他者との協働によって思考の拡大や深化を目指す多元的な思考においては、たんに論理的に首尾一貫していればよいというのではなく、他者の考えや考えの背景にあるさまざまな条件や境遇に寄り添い、共感する姿勢をともなわなければならない。こうして共感の感情までも含むときにはじめて、批判的思考と創造的思考は、いっそう細やかに状況やそこに生きる人びとに合致した新しい考え方を生み出しうるのである。

　リップマンは以上の3つの側面を含んだ思考こそが優れた思考であると述べている。このことをこれまでの道徳教育の考え方から見るならば、それは1980年代後半から力をもってきたシティズンシップ教育の流れにあるといえ

る。つまりシティズンシップ教育が目指すものは、民主主義社会の維持・発展のために必要とされる市民としての資質・能力を身につけさせて、政治を担う主権者を育成することである。そのときに目指されるべきもっとも重要な資質・能力は、人びとが互いに尊重し合う態度であろう。具体的には、寛容で開かれた精神、他者の権利を尊重する思考、公共的な討論に積極的に参加していく態度である。このような資質・能力を獲得するために、リップマンが提唱した３つの思考の育成はまさに有益であるといえるだろう。

3　「考え、議論する」道徳教育と時代の要請

　ところで、「考え、議論する」道徳教育が目指す共生社会を実現するための資質・能力の育成は、「学習指導要領」第３章「特別の教科　道徳」に記載されている内容項目では、「Ｃ　主として集団や社会との関わりに関すること」に含まれる「公正、公平、社会正義」の指導に優れた効果を発揮する。この内容項目が目指すものについて「中学校学習指導要領解説　特別の教科　道徳編」は、「指導に当たっては、まず、自己中心的な考え方から脱却して、公のことと自分のこととの関わりや社会の中における自分の立場に目を向け、社会をよりよくしていこうとする気持ちを大切にする必要がある。（中略）さらに、この世の中から、あらゆる差別や偏見をなくすように努力し、望ましい社会の理想を掲げ、正義がとおり、公平で公正な社会の実現に積極的に努めるよう指導する必要がある」と述べている。つまり、異質な他者の権利を擁護し、共生社会の構築に積極的に参加する意欲を育てることが重要であるとされているのである。さらに、この内容項目と関連して、「国際理解、国際貢献」の内容項目で指導の要点として記載されているのは、「伝統や文化は、人間としての共通の願いから形成されてきているという理解に立って、他国の人々や異文化に対する理解と尊敬の念が重視されなければならない。その上で、様々な文化のもつ多様性の尊重や価値観の異なる他者との共生などについても考えを深める必要がある」である。つまり、国際社会の見地から、社会的正義に関する内容項目にもつながる育成目標が掲げられているのである。

第11章 これからの社会を「考え、議論する」道徳教育

　なお、他者の権利を尊重することに基づいた社会正義の実現について、イギリスやアメリカの社会思想においては、当初は何よりも国家権力がもたらす強制からの個人の自由の擁護が求められていた。そして、人間は他者に危害を加えないかぎりは自身の自由を保障されるべきであると考えられた（功利主義）。しかしこの考えでは、他者の関わりのあり方が、「危害を加えないかぎりで」と限定されたかたちでしか考慮されないことになる。そして他者への関与への消極性は、社会的弱者への支援のあり方にも影響を及ぼすことになる。つまり功利主義においては、正義の理念が積極的に立てられることはなく、もっとも多くの人びとがそれによって気持ちよさを感じる状態ほどよい社会状態であると考えられた（最大多数の最大幸福）。そしてその結果、社会は社会構成員の満足を最大にするために、予算や施設やスタッフなどの社会的資源を管理することだけを目指すようになり、他者との互恵性や社会的弱者への眼差しが弱体化させられた。これに対して、ロールズ（Rawls, J.B.）は『正義論』において、社会的理念としての正義を掲げる。それは、①社会構成員はすべて、基本的人権を保障されなければならない（第1原理）、②社会的・経済的不平等は、もっとも不遇な人びとすらも我慢できる水準に止めなければならず、彼らにもより高い職業や地位につくための機会は平等に保障されねばならない（第2原理、格差原理）、である。そしてこの原理を実現するために、ロールズは共同体や国家が、社会の自由放任に委ねるのではなく、社会的資源の再配分に積極的に関与しなければならないと主張した。

　また、ドイツに目を転じるならば、ロールズの考え方にもつながるような社会問題を解決するための合意形成のあり方への考察が見られる。ハーバーマス（Habermas, J.）は、社会の合意形成の枠組みを考えるために、人びとの間にあらかじめ成立しているコミュニケーション的な理性に注目する。社会を形成するためには、各人は他者を自分の欲求実現のためのたんなる手段として使うことは許されない。むしろ、他者との合意に立ってさまざまな行動計画を調整してゆくことが求められる。そしてそのために一番必要なのは、相互の行動の調整が脅かしのような強制によってではなくて、相互に納得できるかたちでなされるための「理想的発話状態」の実現であるとハーバーマスは考えた。討論においては、話し手は自分の要求を聞き手が納得して受け入れざるをえないよう

な理由を発言に含ませており、その理由を聞き手がもっともであると認める場合には合意と互いの承認が成立する。反面、発言がそのまま受け入れられず、批判される場合もある。その場合にも、いずれか一方が強制的に同意を求めることは許されず、①発言が意味的に理解可能か、②発言は事実に裏打ちされているか、③発言はルールにかなっているのか、④誠実に発言がなされているのか、に従って発言内容が吟味されなければならない。このうちで②と③について異論が提起された場合には、討議されなければならない。ハーバーマスは、誠実でかつ理解可能な発話能力をもった人びとが、外からの強制のない自由な討議によってこそ、理性的な全員一致の合意内容に到達すべきであると考えたのである。だから、討議が歪められることなく遂行されるために、平等な発言機会と発言の自由を保障することこそが大切であるとされたのである。

　ロールズは、共同体による社会的不平等の是正への積極的関与を求めているが、そうした判断を下すのは、まさに社会的弱者に目を向ける市民であるということになる。ハーバーマスの場合には、人間はつねにコミュニケーションのネットワークの中で生きているという事実から出発する。それゆえ市民は判断を下すときには、つねに他者を想定していなければならないことになる。すると、いずれの考え方に立つにせよ、他者の権利を尊重して社会的正義の実現を目指すためには、他者の境遇や考えへの共感的な理解（ケア的思考）が不可欠であり、そしてそれと同時に、自分の生活・文化的環境に起因する信念を相対化し（批判的思考）、他者とともに互いに認めることのできる新しい考え方の枠組みを作り出していくこと（創造的思考）が求められることになる。このように、「考え、議論する」道徳教育が育成しようとする資質・能力は、現代の社会思想が求める市民の資質・能力にも直結したものであるといえるのである。

4　「考え、議論する」道徳教育とその実践

　それでは、「考え、議論する」道徳の授業は、どのように実施されるのだろうか。ここで、お茶の水女子大学附属小学校の「てつがく」科の授業をもとに考えてみたい。まずこの授業の目標は、子どもの普段の生活の中で自明と思わ

第11章 これからの社会を「考え、議論する」道徳教育

図11-1　小学校「てつがく」の授業風景

れる価値や事柄について深く多面的に考え、粘り強く問い続けることである。その意味で、特定の道徳的価値の獲得やそれへの気づきを授業の終末部において目指してきたこれまでの道徳の授業と比べると、授業に参加する各人の価値思考の深まりのみを目指すというオープン・エンドである。そしてこの授業を成立させるためにもっとも重要なことは、この授業が各人の信念の批判的吟味に重点を置く以上、自分の信念に合致しないからと一方的に他者の発言を拒絶したり批判したりすることなく、互いに他者の発言を真剣に傾聴するという集団のセイフティな雰囲気づくりである。そのために、相手を言い負かすことが主眼ではないという対話の趣旨の事前周知とあわせて、机を取り払い、椅子をサークル状に並べて対面して語り合わせるなどの教室環境の設定を行う（図11-1）。

　その上で、子どもの知的興味を刺激し、互いに問い吟味し合う価値がある主題を設定する。そのためにリップマンは、読み物を準備して、そこに書かれた内容を前提として議論してみたい問題を参加者で決めて、対話を進めることを推奨している。もちろん、子どもの日常生活の中で、彼ら自身が感じた疑問、たとえば、「恐さとは何か」や「人はなぜ他者のことが気になるのか」などから出発することもできる。対話の過程においては、他者の発言について意味の明確化（「～とはどういう意味ですか」「～はどう定義しますか」といった質問）、発

141

> 児童1：何かの略だと思って考えてみたのだけれど。頑固に粘る！
> 児童2：がんばるというのは時と場所を選んで使い分けるときも必要だと思う。
> 児童3：相手の様子を見て。
> 児童4：がんばれって言われると素直に受けちゃうほう。お兄ちゃんの試合に行くと、喜びとか悲しみとかを分かち合える。言われたほうは力をもらえる。だから「がんばれ」はプラスの言葉。
> 児童5：頑固で粘るに賛成。時間をかけてやるっていうことだから似ている。
> 児童6：プラスのイメージ。私の状況を知ってくれている人に言われるのはいいけど、何で落ち込んでいるのかわからない人に言われるのは違う。
> 児童2：頑固で粘るの、頑固って必要かな。
> 教師：新たな？（はてな）が出てきたね。
> 児童3：言い方によって変わる。「せいぜいがんばれよ」のように、軽い口調で言われたら、そんなにうれしくない。共感してくれて「一緒にがんばろう」と言ってくれたらうれしい。
> 児童1：頑固。自分の形勢が不利なときに。
> 児童7：がんばるはできるが前提。
> 児童1：心から言っているか、上から目線の嫌みととらえるか。

図11−2　「がんばる」って？　に関する小学校6年生の哲学対話のプロトコール
言葉の概念の確定を考え続ける子どもと、「がんばる」が感情にどのように作用しているのかを考え続ける子どもがいることに注意。哲学対話の中で各々の子どもが、他者の意見を聞きながら自分なりの問題意識を深めている様子が見て取られる。（お茶の水女子大学附属小学校『平成28年度　研究開発実施報告書（第2次）』2017年より）

言の根拠の問い質し（「なぜですか」「どうしてそのように言えるのですか」といった質問）、証拠の提示（「そう言える証拠はありますか」「具体例はありますか」といった質問）、一般化可能性の吟味（「それはいつもあてはまりますか」「反例はありますか」といった質問）、相手の考えが理解できない場合には、発言の前提への遡及（「その考え方には何か前提はありませんか」「どうしてそういう考え方が生まれてきたのですか」といった質問）などの質問と応答が行われ、対話に参加している各人の考え方の中の相違点と一致点を明らかにすることが目指されていく。

　このように従来の道徳の授業とは異なり、「考え、議論する」道徳教育では、議論そのものが特定の道徳的価値に到達するための手段ではなく、対話の過程そのものが、事柄を多面的・多角的に考えることによって、子どもの中に各人

なりの思考の深化や拡張を生む道徳的実践であると考えられている（図11-2）。それゆえ、この道徳の授業が目指すのは、対話する中で、他者の発言を介して自分の考えを吟味すること、それと同時に、他者との相違に気づきながらも、他者の考えとの共通前提や共通する定義を発見したり創造したりすることであるとまとめることができる。自分の信念を能動的に理解することに先立って、まず何よりも他者の発言に耳を傾ける「聴く姿勢」こそ、この方法では大切である。

5　思考の深化・拡張と道徳教育

　こうした新しい道徳の方法を思想史の文脈に返してみるならば、何を共通の真理とみなしうるのかを他者と協働して探究することを推奨するこの方法は、近代思想の始祖であるデカルト（Descartes, R.）が述べたような、正しい思考の方法に従えば絶対確実な永遠真理に到達できるとする伝統的な真理観に対立するものである。リップマンはこの方法の起源を、小さな社会としての学校の中で起こるさまざまな問題を、他者と協働して子どもが反省的思考を実行することにより、民主主義的に問題を解決する態度を育成しようとしたデューイ（Dewey, J.）の「探究の共同体」にあると述べている。だが、さらにこの方法の源流をたどると、この方法が形成することを目指す人間の姿は、ヘーゲル（Hegel, G.W.F.）に求めることができるだろう。19世紀の初めにヘーゲルは、経験を積む中で、それまで確実な真理であると思われていた知識の一面性が次々に明らかになり、自明と思われた価値観や世界観が崩れていく「絶望の道程」の途上で、確実な真理を求めて共同性へと踏み出し自分を成長させていく人間の姿について説いている。誰にでもあてはまる真理の自明性が崩れた現代において、他者と協働しながら新しい真理を自分で創造していくことを求められている私たちにとって、「考え、議論する」道徳教育はまさに時代の要請であるといえるだろう。
　しかし、ここまで「考え、議論する」道徳教育の目的や方法を見てくると、次のような疑問が思い浮かぶだろう。自他の抱いている信念を論理的に分析す

ることが、そのまま道徳的価値の教育といえるのだろうか。あるいは、論理的に明晰に判断する力を獲得することが、そのまま道徳教育の目指すものであるといってしまうのは極論ではないだろうか。

　これらの点については、他者の考えに繰り返し傾聴する中で、目の前に他者がいなくても、おそらく他者はこのように考えるだろうと想像できるようになることが期待される。そのとき、アレント（Arendt, H.）が道徳の基盤であると考えた、道徳的判断を下す際に心の中で対話することのできる「自己の内なる他者」が形成されることになるだろう。対話そのものが、自分を俯瞰的に観察して行動を統制する尺度の形成に直結しているのである。さらにまた、この方法が重視する他者と共通するものを確認したり合意を目指したりする協働的な対話の過程そのものが、自分一人で考えるよりも、他者の考えを介して考えることの有用性を子どもに実感させることを期待できるだろう。そのとき子どもは、協働することの力を感情のレベルに根ざしたかたちで理解するだろう。このことをスピノザのひそみに倣っていえば、子ども一人ひとりが喜びを感じながら、他者と協働することの力を実感することこそが、来たるべき共生社会を作り出す原動力になるということである。

　「特別の教科　道徳」では、子どもが他者と関わりながら積極的に思考し活動に参加する「アクティブな学び」が求められている。そのために私たちは問題解決型の授業設計を求められている。体験活動の振り返りや調べ学習と連携した道徳的価値の学習と並び、哲学対話に基づく道徳の授業実践は、これからの道徳教育を構想する際の有力な実践モデルとなりうるのである。さらに高等学校学習指導要領において、「現代の諸課題について、事実を基に概念などを活用して多面的・多角的に考察したり、解決に向けて公正に判断したりする力や、合意形成や社会参画を視野に入れながら構想したことを議論する力を養う」ことが、主権者の育成を目指す「公民」の目標の１つとして掲げられていることに明らかなように、義務教育段階で「考え、議論する」道徳教育を通して育成される資質・能力は、高等学校段階での教育に大切な基盤を提供するものであると考えられるのである。

参考文献

上野修『スピノザの世界――神あるいは自然』講談社、2005 年
川本隆史『ロールズ――正義の原理』講談社、1997 年
キャム，P.、桝形公也監訳『子どもと倫理学――考え、議論する道徳のために』萌書房、2017 年
河野哲也『道徳を問いなおす――リベラリズムと教育のゆくえ』筑摩書房、2011 年
河野哲也『「こども哲学」で対話力と思考力を育てる』河出書房新社、2014 年
小玉重夫『シティズンシップの教育思想』白澤社、2003 年
中岡成文『ハーバーマス――コミュニケーション行為』講談社、1996 年
中山元『アレント入門』筑摩書房、2017 年
リップマン，M.、河野哲也・土屋陽介・村瀬智之監訳『探求の共同体――考えるための教室』玉川大学出版部、2014 年
ロールズ，J.、川本隆史他訳『正義論　改訂版』紀伊國屋書店、2010 年

第Ⅲ部　道徳教育と道徳科の指導法

第12章
学習指導案の作成

　特別の教科である道徳（以下「道徳科」）の授業は義務教育における必修科目である。小学校や中学校以外の校種、たとえば義務教育学校などについても基本的には同じであるので、第2章や第5章と説明が重なる部分も若干あるが、本章では指導案作成に必要な理解に要点を絞って紹介していきたい。具体的な指導案については第13章（小学校）と第14章（中学校）で示すが、全体的な道徳教育から道徳科までの位置づけを理解することによって、指導案作成の際の教育の目的や目標を明確化することができる。

1　学校の教育活動全体を通じて行う道徳教育と道徳科の授業

　学校での教育課程の編成は、学校教育法施行規則第50条（小学校）や第72条（中学校）、教育課程の基準として文部科学大臣が別に公示する学習指導要領によって定められている。道徳教育もこれらによって規定されており、その理解においてまず気をつけなければならないことは、「道徳教育」と「道徳科」を用語として明確に使い分けていくことである。両者の使い分けが曖昧のままだと、第5章でも説明しているが、学習指導要領解説の記述を誤解してしまうことが多い。そこで確認のために両者の違いから説明したい。
　小学校の事例から説明する。小学校の教育課程は、各教科（国語、社会、算数、理科、生活、音楽、図画工作、家庭、体育および外国語）、特別の教科である道徳（道徳科）、外国語活動、総合的な学習の時間、特別活動（たとえば学級活動、児童会活動、クラブ活動、学校行事など）によって構成されている。この教育課程の5つのまとまりはそれぞれ「領域」とよばれており、小学校教育課程はこの5つの領域によって成り立っている。これらの領域の他に、部活動などの課外

第12章　学習指導案の作成

図12-1　小学校の教育活動

活動、休み時間や放課後の時間があり、そして必要に応じて校外の生活などが加えられたものを「学校の教育活動全体」とよんでいる。この「学校の教育活動全体」という範囲が道徳教育を理解する上では重要で、「学校の」という文言から、学校での学習活動に限定されているように思えるが、実際はもっと広い意味で使われている。つまりこれは、特定の領域や内容に偏ることのない、児童生徒たちの置かれた状況に応じて展開されるすべての教育活動を指しており、このことをまず理解しなければならない（図12-1参照）。

一方、中学校の教育課程は、小学校と比べて各教科（国語、社会、数学、理科、音楽、美術、保健体育、技術・家庭および外国語）の構成が異なることと外国語活動がないだけで、基本的な構成は変わらない。

図12-1を参照しながら「道徳教育」と「道徳科」の使い分けを把握すると、両者の関係が理解しやすい。学校における道徳教育は、教育基本法および学校教育法に定められた教育の根本精神に基づいて行われるものであり、「学校の教育活動全体」を通じて行うこととなっている。つまり道徳教育で想定している範囲は児童生徒たちの生活全体であり、その意味するところはかなり広いのである。

これに対して小中学校での道徳科の授業は、カリキュラムに基づいた授業である。両者の関係について、学習指導要領では、道徳科の授業を小中学校の道徳教育の「要（かなめ）」であると説明している。つまり学校の教育活動全体で行われる道徳教育は、週1時間の道徳科の授業を要にして実施される。そして授業ではとくに、①道徳教育としては取り扱う機会が十分でない内容項目に関する指導を補うこと、②児童生徒や学校の実態等をふまえて指導をよりいっそう深めること、③内容項目の相互の関係を捉え直したり発展させたりすること、など

に留意する必要がある（「『特別の教科　道徳』の指導方法・評価等について」）。

　さらに、道徳教育は学校の教育活動全体で行われる以上、各教科や総合的な学習の時間などの授業でも行われる。たとえば、国語や社会の授業の時間に扱った教材を通して、あるいは実技の授業中にみんなとの協働・協力作業を通して、また総合的な学習の時間での活動を通してなど、さまざまな場面や状況で道徳教育は可能であり、道徳科はその中心である。教師は領域や教育内容のそれぞれの特質に応じて、また児童生徒の発達の段階を考慮しながら、適切な道徳教育を行わなければならない。自分たちが小・中学校で受けてきた教育の経験から、道徳教育は道徳科の時間だけで行われるものと思われるかもしれないが、児童生徒たちが気づかないところでも、道徳教育は行われなければならない。総合的な学習の時間などは、とくに道徳教育と連携して活用されることが多い。

　そして道徳教育は小学校と中学校の義務教育段階だけに限定されるものではない。中央教育審議会の答申でも道徳教育については、幼稚園、小学校、中学校、高等学校のそれぞれにおいて言及されているので、幼稚園や高等学校の教職志望者は、道徳教育を学ばなくてもよいという考え方は間違っている。近年、自治体によっては総合的な学習の時間などを活用して、高等学校で道徳の授業を独自に行っている場合もあるため、校種に関係なくすべての教師は道徳教育について理解していなければならない。

　ちなみに、義務教育では必ず道徳科の授業を受けたはずだが、場合によっては、受けたことがない人たちもいる。それは道徳科の代わりに「宗教」の授業があった学校の卒業生であり、学校教育法施行規則において、私立学校では道徳科に代えて宗教を加えることができると規定されている。

2　道徳教育の全体計画と道徳科の年間指導計画

　学校の教育活動全体で行う道徳教育と、その要となる道徳科の位置づけが明確になったところで、次にそれぞれの基本性格を確認し、指導にあたって必要なことを理解したい（第5章も参照のこと）。

①授業時間：道徳科の授業は、小・中学校の各学年、毎週1時間を基本とし、年間35時間である（小1では34時間）。
②授業担当者：道徳科は、原則として学級担任が担当することになっている。道徳教育や道徳科は、まずは学校長の方針の下で、道徳教育推進教師（2009年度から新設された役割で、各学校に最低1名は任命されている）が中心となって、学校の全教師が協力して行う。つまり、道徳科の授業を実際に行うのは学級の担任なのであるが、学習指導要領に即して学校や学年ごとに立案した方針や計画に従って授業を行うことが求められる。
③教科書：道徳科は教科になったので、教科用図書（教科書）を使用する。教科化されるまでは、道徳教育用教材（補助教材）『心のノート』とそれを全面改訂した『私たちの道徳』がほぼ100％の小・中学校で使用されており、これ以外では、民間教材会社の読み物資料、教育委員会の開発した読み物資料、新聞記事や動画コンテンツなど多様であった。
④評価：道徳科の評価については、評定や得点などの数値ではなく、文章で記述する。その記述においても、他者と比較する相対評価ではなく、成長を積極的に受け止め、励ます個人内評価をする。

　道徳科の授業は、担任が好き勝手に自分が教えたい内容で行ってもよいという印象をもっている者がいるとすればそれは間違いである。上記の基本性格を考慮すると、けっしてそうではないことが理解できるだろう。学習指導要領に即して指導することは当然であるが、そこには「校長の方針を明確にし、道徳教育推進教師を中心とした指導体制の充実を図るとともに、道徳科の授業への校長や教頭などの参加、他の教師との協力的指導、保護者や地域の人々の参加や協力などが得られるように工夫することが大切である」と記されており、地域や保護者との連携も含めた学校全体での関わりが期待されている。そのため実際の授業にあたっては、まずはその学校での方針や「全体計画」を確認の上、道徳教育推進教師や学年の他の教師と「年間指導計画」に従って授業内容を話し合いながら実施する必要がある。つまり、学級で道徳科の授業を行うに際しては、担当する教師それぞれの意識も大切であるが、管理職や保護者や他の教師と連携する姿勢も必要である。

3　学習指導案の構成と作成

　それでは実際に指導する際の指導案について説明する。道徳科の学習指導案に決まった形式はなく、学校ごとの形式や、教員ごとの形式があったりするため、はじめて作成するときは戸惑うであろう。詳細な細案から簡易的な略案まで、作成する学習指導案の目的や場面に合わせて構成も若干変わる。略案といっても、教材観、児童・生徒観、指導観を簡潔に書き入れるのか、その日の学習指導過程だけでよいのか、学校や教師によって判断が異なるので、もし教育実習で指導案を作成する必要があるならば、担当する教師や道徳教育推進教師に標準形式を尋ねるのが一番の近道である。近年は文部科学省「道徳教育アーカイブ」や各教育委員会でも指導案をWeb上で公開しているところが多く、それらはどれも優れたものが選ばれているので、道徳科にかぎらず、各教科の指導案を積極的に参照するのがよい。

　さて、指導案の作成においてまず重要なのは、何のために、誰に向けて学習指導案を書くのかという点である。指導案を授業の台本のように考える人もいるが、それは自分の授業の進め方に焦点をあてただけにすぎない。たんに授業の手順を頭で思い描いたものが指導案なのではなく、学習者である児童生徒たちのさまざまな反応を予想することでよりよい授業へと作り上げていくことが可能になるし、授業を参観する教師に向けて授業実施者の指導観を提示する意味もある。これらのことを勘案しながら、授業の要点や問題点を自覚するためには、指導案として自ら記述していく過程が重要である。実施者が自ら言語化し指導案として整理することによって内容項目や教材に対する理解が深まり、授業での本質や事前・事後の省察が段違いに高まる。それでも実際に授業をしてみると、児童生徒たちから予想外の反応や意見が出てくる場合も多い。児童生徒の予期せぬ反応にどのように対応するかは、教師の教材理解や学級経営の力量に依存するが、少なくとも他人の作成した指導案をなぞるだけでは、臨機応変に対応するのは難しい。たとえ十分に準備をしていたとしても、授業が上手に進まない場合もあり、それはそれとして、今後の反省材料になる。その反省の際にも自ら作成した指導案はぜひとも必要である。

第12章　学習指導案の作成

　本書の第13章と第14章で紹介されている具体的な指導案例を参照するとわかるが、他の教科とは異なる道徳科の学習指導案の特徴が2つある。それは「内容項目」への対応と「終末」での関わり方である。

　内容項目とは、道徳科で教育しようとする道徳的価値の項目である。項目そのものは学習指導要領にて規定されており、小学校1・2年の段階から中学校へと学年段階が上がるにつれて継続的・発展的に取り上げられるもの、途中から新たに加えられるもの、逆に統合・分化されていくものなどの系統がある。大きな分類としては、本書の第6章から第9章で説明されているように、AからDの4つの視点があり、その下に「善悪の判断、自律、自由と責任」「親切、思いやり」などの内容項目が配置され、小学校1・2年では全部で19項目、小学校3・4年では20項目、小学校5・6年では22項目、中学校でも22項目ある（内容項目については、本書の巻末資料を参照のこと）。しかし内容項目だけではまだ抽象的であるので、それらを児童生徒の実態に合わせていかに授業で具体的に展開していくのか、その点に教師の力量やアイデアが必要である。そして道徳科ではそれぞれの内容項目において、発達段階に応じて児童生徒自らが自分を振り返って成長を実感できるようにすることが大事であり、教師としては児童生徒の成長をそれぞれの内容項目ではなく、できるだけ大きなまとまりで捉える必要がある。

　また終末とは、授業展開での終わりの部分のことである。通常は、「導入―展開前段―展開後段―終末」となることが多い。道徳科の授業では、何が正しくて何が悪いのかを教師があえてまとめずに、価値相対的なオープン・エンドで授業が終わることもよくあるので、他教科で多い「まとめ」とは異なる「終末」という表記になる。道徳教育で力量がある教師ほど、終末における児童生徒との関わり方が優れている。なぜなら、道徳教育は道徳科の授業だけで完結するのではないこと、つまり授業の終末はその後に続く道徳教育の始まりでもあることをきちんと理解しているからであろう。

　内容項目と終末への関わり方以外は、他教科と類似点が多いので、以下、指導案に盛り込まれることの多い要素を紹介し、代表的な形式を示してみる。

表12-1　指導案の要素と形式

(1)　対象　　　　(2)　日時　　　　(3)　場所
(4)　主題名「年間指導計画における主題名」
(5)　ねらい：学習指導要領の内容項目と関連させて記載する
(6)　教材・資料名：教科書などにおける表題を記載する
(7)　主題設定や構成の理由
　①教材・資料観：主題を設定し構成した理由を説明し、ねらいを達成するために教材・資料の特徴や活用、ワークシートについて説明する。基本的には、ねらいを学習指導要領に即して書き、教科書や教材の内容を深く理解し分析することで、教師が教材をどう捉えて、児童生徒にどのように考えてほしいのか記述する。
　②児童生徒観：児童生徒の実態や特徴、学級において抱えている課題や気になる点などを説明する。主語は学習者である児童生徒にすることが多く、児童生徒の否定的な面よりも肯定的な面を捉えた書き方をする。児童生徒観を①に配置する場合もあるが、教育実習では、そこまで深く学習者を把握できないので、事前に書き上げることは難しい。
　③指導観：主語は教師であり、教師の対応の仕方から教材の活用方法、どのように支援するのか記述する。「～させる」という書き方はできるだけしないように注意する。
(8)　本時の過程
　①本時のねらい：「～という道徳的心情（道徳的判断力、道徳的実践意欲と態度）」を育てることをねらいとするなど、簡潔に書く。
　②本時の学習指導の展開過程：○発問と予想される反応　◆支援　■評価

過程		学習活動と内容	教師の指導上の留意点、支援、評価、予想される児童の反応	準備物など
導入		○身近なものについて考えるきっかけをつくる。	○～についてどう思うか。 ○～のとき、みんなはどのような行動をとるか。 ○身のまわりの道徳上の課題を聞いてみる。	必要な機器 写真や映像
展開	前段	○中心的発問については□で囲む。 ○指示や発問ごとに児童生徒の予想される反応を書く。ただし、一問一答にならないようにする。 ○道徳科教科書の扱いも書く。	◆考える道徳教育を意識し、教師の支援について記載する。 （例）・～を理解できるようにする。 　　　・～を補足する。 　　　・～に気づくように導く。 　　　・～への共感・批判を引き出す。 　　　・～をみんなで考える　など。 ◆一部の児童生徒だけで授業を進めるのではなく、遠慮している児童生徒にも配慮するようにする。	教科書 ネームカード 配付資料
	後段		◆～について記入を促し、振り返るきっかけをつくる。 ◆～についてみんなで話し合う。	ワークシート

終末	○〜について振り返ってみよう。	■自分の考えがどのように変容したか、わかるようにするとよい。 ■後の評価での資料となるように、できるだけ記録を残す。 （例）・〜に気づけたか。 　　　・〜の重要性を感じたか。	ワークシート

(9) 他の教育活動との連関（家庭や地域活動との連携）
(10) 評価の観点　　(11) 板書予定およびワークシートや配付資料など

4　道徳科の特質を生かした、質の高い多様な指導方法

　たとえ指導案が書けたところで、それは設計段階での案にすぎない。案と実践の間には高い壁があり、上手に移行するためには、何よりも児童生徒のことをよく知り、教材の特徴をふまえ、場面分けを活用し、中心発問を工夫するなど道徳科の特質を生かした指導方法を理解する必要がある。そもそも、道徳の教科化にともない「考え、議論する道徳」がより強調されるようになったが、背景にあるのは、これまでの道徳の授業がややもすれば「読む道徳」に偏りがちであったことに対する反省である。そこで今日では「考え、議論する道徳」を実現するための質の高い多様な指導法が求められており、報告書『「特別の教科　道徳」の指導方法・評価等について』では以下の3つのような学習が具体的にあげられている。指導案を作成する上でも参考になるので、要約したものを示してみる。

①読み物教材の登場人物への自我関与が中心の学習：教材の登場人物の判断や心情を自分との関わりにおいて多面的・多角的に考えることを通し、道徳的諸価値の理解を効果的に深めることができる。
②問題解決的な学習：さまざまな道徳的諸価値に関わる問題や課題の場面について、児童生徒一人ひとりが主体的に解決しようとすることにより、道徳的価値を実現するための資質・能力を養うことができる。その際、判断根拠を問う発問、相手の心情を問う発問、あるいは自分との関係を問う発問などによって、考える道徳教育を推進することができる。

③道徳的行為に関する体験的な学習：役割演技などの体験的な学習や特別活動等における多様な実践活動も道徳科の授業に生かすことにより、問題の解決に寄与しようとする意欲や態度を養うことができる。

　さらに児童生徒や内容に即した独自の工夫をしながら、教師からの言葉が多い授業ではなく、児童生徒それぞれが主体的に関わり、考え、議論し、学び合いの場面をつくるような授業を意識しなくてはならない。そのためにも、教師の発問が大事になる。
　道徳科指導案の作成手順を発問に着目して観察してみると、多様な手順を知ることになる。とくに、中心となる発問をいつ・どこで・どのように提示するのかを決めてから、授業全体を構想する教師が多い。内容項目に即したメインテーマ、それにともなった中心的発問、その発問を終末や今後の道徳教育へとつなげること、これらを意識する。問いに関しても、教材を活用した心情に関わる問いから、児童生徒自身の判断に関わる問いへと移り、今後の道徳教育へとつながる発問を終末で行うこともある。児童生徒たちの反応なども見ながら、タイミングを計ったり臨機応変に発問を変えたりする必要もあるので、授業実践を多く行うことで、質の高い道徳科の授業が可能になるであろう。

5　道徳科の評価のための具体的な工夫

　最後に、授業の後の評価について説明したい。2017年11月の「全国小学校道徳教育研究会」に参加した小学校教員77人に対してNHKが行ったアンケート調査では、8割以上の教員が、道徳の評価に対して不安を抱えているという結果が出た。学習指導要領にて道徳の評価についての方針は示されているものの、やはりまだ不安と感じている教師は多い。
　道徳科の評価についてより詳しく知りたい場合は、いくつかの解説書も出されてはいるが、まずは前掲の報告書「『特別の教科　道徳』の指導方法・評価等について」を活用することで、不安の幾分かは払拭できるかもしれない。この報告書では、評価の例も示されているので、代表的なものを要約してみる。

第 12 章　学習指導案の作成

①観察や会話による方法、作文やノートなどの記述による方法、質問紙、面接による方法などを活用して評価する。
②児童生徒の学習過程や成果などの記録を計画的にファイルに蓄積したもの、エピソードを累積したもの、作文やレポート、スピーチやプレゼンテーションを参考にして評価する。
③児童生徒が行う自己評価や相互評価も効果的に活用する。
④担任だけではなく、教師が交代で学年の全学級を回って道徳の授業を行うことも、評価の改善の観点からも有効である。

　上記を参考にしながら、他の児童生徒と比較して評価するのではなく、各人の道徳性の成長を教師が積極的に受け止め、励ますような、大きなまとまりで捉えた評価を意識してみよう。道徳科の各種教科書も、教師が評価しやすいように、教科書に別冊を組み込んだり、自己評価の一覧表を巻末に設けたりするなど工夫しているので、それらを活用することもできる。そして何よりも、教師は児童生徒との信頼関係を築き、関心をもって接していくうちに、道徳性の成長については気づく点も増えるので、実践する前から評価を不安視する必要はない。具体的にどの点に着目するかという点については、指導案に記載するようにするが、広い視点から道徳科の評価を考えてほしい。
　そして最後に、道徳教育の特色をあらためて考えたい。学級を運営していくうちに、いじめ問題、不登校問題、情報モラルの問題など多くの課題がもち上がってくる。教師はそうした課題を放置しておくことはできないので、状況に応じて道徳教育を行う必要がある。その場合、当事者だけではなく学級全員に学級での関わりの中で行うことが重要であり、それこそが他の教科などの学習とは異なる道徳教育の特色とよべるであろう。それをふまえた上で、次章から具体的な指導案について提示してみたい。

参考文献
相澤伸幸・神代健彦編『道徳教育のキソ・キホン――道徳科の授業をはじめる人へ』ナカニシヤ出版、2018 年

道徳教育に係る評価等の在り方に関する専門家会議「『特別の教科　道徳』の指導方法・評価等について」(2016 年 7 月 22 日)

第13章

小学校における道徳科の授業づくり

　小学校における道徳科の授業では、小学校の6年間および中学校の3年間の発達段階を視野に入れるとともに、個々人としての特性等から捉えられる個人差を配慮することが大切である。したがって学校教育全体の発展性や、学校の教育活動全体を通じて行われる道徳教育の視点に基づきつつ、児童一人ひとりの主体的・対話的で深い学びにつながるような道徳科の授業を実践することが求められる。

　本章では以上のような視点をふまえ、小学校における道徳科の授業づくりのあり方を具体的に考えていく。その際、文部科学省「道徳教育アーカイブ」で紹介されている、第4学年の学習指導案の工夫事例（高知県教育委員会提供、主題名「自分のよさを伸ばそう」／教材名「うれしく思えた日から」、以下「本授業」）を手がかりに、授業づくりのポイントを紹介していきたい。

1　主題設定の理由

　まず、自校の「道徳教育の全体計画」および担任をしている学年の「道徳科の年間指導計画」をふまえ、当該授業時間の「主題名」「ねらい」「教材名」を確認し、学習指導案にそれらを記載する。本章で扱う事例であるならば、以下のようになる。

1　主題名　自分のよさを伸ばそう　【(4) 個性の伸長】
2　ねらいと教材
(1) ねらい
　劣等感を抱いていた主人公が自分の特徴に気づき、夢に向かって生きていく

姿を通して、自分の新たな個性に気づき、そのよさをさらに伸ばしていこうとする態度を育てる。

(2) 教材名 「うれしく思えた日から」

本授業では、文部科学省『わたしたちの道徳 小学校3・4年』に所収されている読み物教材を使用する。主題名の部分にあるように、本授業で取り上げる道徳的価値は「A 主として自分自身に関すること」のうちの「個性の伸長」である。第1学年および第2学年では「自分の特徴に気付くこと」、第3学年および第4学年では「自分の特徴に気付き、長所を伸ばすこと」（本時）、第5学年および第6学年では「自分の特徴を知って、短所を改め長所を伸ばすこと」を目指し、さらに中学校の「自己の向上を図るとともに、個性を伸ばして充実した生き方を追求」することへと通じる項目である。この発展性を確認した上で、「自分の新たな個性に気づき、そのよさをさらに伸ばしていこうとする態度を育てる」ことを、本授業のねらいとして設定する。

次に以下の3つの視点から「3 主題設定の理由」を記載する。

ねらいや指導内容についての教師の捉え方

ここでは、ねらいとする内容項目の意味と、この内容項目が児童の成長にどのように結びつくのかを「学習指導要領解説 特別の教科 道徳編」の内容に基づいて説明する。「自分のよさを伸ばす」とは、自分の特徴に気づき、長所を伸ばすことである。また、自分の特徴に気づくとは、自分の長所にも短所にも気づき、特徴を多面的に捉えることである。この点を確認した上で本事例における教師は、「自分の長所を伸ばしていくことは自己肯定感の向上や成長を促す意欲に結び付くものであるとともに、困難に直面したときの心の支えにもなる。自己肯定感の向上や成長を促す意欲は、自分の個性を伸ばすことにつながり、その個性を最大限に生かしていくことがこれからの児童の夢に大きな影響を与えていくものと考える」と指導内容を捉えている。

児童のこれまでの学習状況や実態と教師の願い

ここでは児童のこれまでの学習状況や課題と、それをふまえた教師の目指すところを述べる。本授業の学習指導案では、以下のように記載されている。

「本学級の児童は、帰りの会等で、友達にかけてもらって嬉しかった言葉やしてもらってよかった行動を、作文に書いて伝え合うことで、友達のよさに気づき、互いを理解しようとする心情が育ってきている。しかし、自分自身についてじっくり振り返る経験が少ないため、短所や気になるところはたくさん思いつくが、よいところを見いだすことのできない児童がいる。そこで、自分のよさを新たに認識できるようにするとともに、そのよさを伸ばしていこうとする態度を育てていきたい」。

使用する教材の特徴や取り上げた意図および具体的な活用方法
　ここでは、教材の説明と学習指導過程の概略、指導方法の工夫を述べる。本教材は、自分には何の取り柄もないと思っていた主人公が、友達や先生、家族からかけてもらった言葉をきっかけに自分のよさに気づき、そのよさを伸ばしていくという話である。自分のよさを野球に生かしたいと思った主人公は、厳しい練習にも耐え、1年後には自信をもって夢に向かっていくようになる。このような説明の後に学習指導過程の概略を示し、「ペア学習を取り入れながら友達同士で伝え合い、共有したり励まし合ったりしながら、自分のよさを伸ばしていこうとする態度につなげていきたい」など、工夫する点を述べる。

2　本時の過程

　学習指導案では以上のような「ねらい」や教材観を明確にした上で、「4　学習指導過程」を記載する。本授業の学習指導過程は導入、展開（前段・後段）、終末から構成されている。まず導入では、児童が自分のよいところを紹介し合い、本時の課題を確認する。ただし、自分のよいところはすぐに答えるのが難しいことも予想される。したがって本時までの事前学習として、児童が自分のよいところとじっくりと向き合う時間を設け、自分の意見が述べられるよう準備をしておくことが大切である（「3　他の教育活動との連関」を参照）。
　次に展開では、教材を読んで話し合う。従来の道徳では、読み物教材の「読解」に力が入れられ、たんに登場人物の心情を理解することに偏った形式的な

表13-1　学習指導過程

	学習活動	主な発問と予想される児童の反応	指導上の留意点
導入	1　自分のよいところを紹介し合い、本時の課題を確認する。	○自分のよいところはどんなところですか。 ・弟の世話ができて優しい。 ・走るのが速い。 ・手伝いをよくして、働き者。 自分のよいところをさらに伸ばすために	・学級活動で考えた「自分のよいところ」（「わたしたちの道徳」47頁）を振り返らせる。
展開	2　教材を読んで、話し合う。 (1)　よいところなんて1つもないと思っていた主人公の気持ちを考える。	○よいところなんて1つもないと思っていた主人公は、どんなことを考えていたでしょう。 ・毎日がつまらない。 ・自信がない。 ・みんなのようになりたいのに……	・主人公の劣等感や自信のなさに共感させる。
	(2)　「もう1年前のぼくじゃない」と思っている今の主人公について考える。	◎主人公が、「もう1年前のぼくじゃない」と変わることができたのはなぜでしょう。 ・友達に「いい肩してるね」と褒めてもらい、自信が出てきたから。 ・自分にもよいところがあると気づいて、嬉しくなったから。 ・苦手なこともできるようになってきたから。 ・先生や家族の応援があったから。 ・新しい目標ができたから。	・友達や家族の言葉で自分のよいところに気づき、前向きに自信をもって生きている主人公の気持ちを押さえ、よいところを伸ばすことのよさを考えさせる。
	3　自分のよいところをさらに伸ばすためにできることを考える。	○自分のよいところをさらに伸ばすために取り組んでみようと思うことを書いてみましょう。 ・友達だけでなく、下級生にも優しく声がけする。 ・自分の力を伸ばすために、自主学習に毎日取り組む。 ・運動会でソーランをもっと上手に踊れるように、上級生に聞きながら毎日練習する。	・学級活動での「よいところ見つけ」も想起しながらカードに書き、ペアで伝え合うことを促す。
終末	4　「私たちの道徳」48頁を読み、本時のまとめをする。	○人生の先輩からのメッセージを聞きましょう。 ・マリー・キュリー　・手塚治虫 ・俵万智　　　　　　・千住真理子	・余韻をもって終わる。

（出典）文部科学省「道徳教育アーカイブ　小学校第4学年　道徳学習指導案」を一部改変して作成
https://doutoku.mext.go.jp/pdf/practicalcase_108.pdf（2018年6月1日閲覧）

指導が行われる傾向にあった。それに対して新たな「考え、議論する道徳」では、児童の主体的・対話的な視点からの深い学びが目指されている。すなわち教師は、主人公の心情を問うのみならず、「どうしてそうするのか」「自分だったらどうするか」という主体的な視点から、児童が考えられるような問いかけを行う必要がある。読み物教材を扱う場合には、教材の内容と向き合う展開前段と、自己に焦点をあてる展開後段をうまく使い分けて、児童が主人公の生き方へ共感するとともに、道徳的価値を自分自身と関連づけた学びへとつなげられるように工夫をすることが課題であるといえるだろう。

展開前段

　まず展開前段では、よいところなんて1つもないと思っていた主人公の気持ちをより深く理解するために、主人公がどのようなことを考えながら日々を送っていたのかを問う。それにより、劣等感をもっていた主人公への共感を引き出す。その上で中心的発問となるのが、なぜ主人公は「もう1年前のぼくじゃない」と言えるまで変わることができたのか、という「変化の理由」を問う発問である。これにより、家族や友達の言葉で自分のよさに気づき、自信をもって夢に向かって生きていく主人公の変容を捉えられるようにする。

　ただし、この中心的発問だけでは教材に書いてあることを答えるだけになってしまったり、努力・忍耐の方に話し合いが流れていったりすることも予想される。本事例における授業ではそれを避けるために、発展的な活動として「問い返しの発問」を取り入れ、児童の思考の深まりをねらっている。たとえば、「なぜ野球だけでなく跳び箱や鉄棒までできるようになったのか」「まだ野球でレギュラーになっていないのに、厳しい練習がんばることができているのはなぜか」などを問う。これにより、友達や家族からの言葉を自分がどのように受け取り、よさを伸ばそうとがんばれたのかという主体的な視点から、自分のよいところを伸ばしていくという生き方のすばらしさを捉えられるようにする。

　なお発問の場面では、児童のさまざまな特性や学習状況に応じて、教師が意図しない反応が返ってくる場合もある。教師には、児童の多様な学びを肯定的に引き受けつつ、本授業がねらいとする学びへと転換していけるような、柔軟性と応用力が求められるだろう。

展開後段と終末

　展開後段では、自分のよいところをさらに伸ばしていくためにできることを、児童一人ひとりが考えられるよう導く。新たに求められる「考え、議論する道徳」では、主人公の価値観や生き方を児童に押しつけるのではなく、児童自身が主人公の立場になってどう生きるべきかを考えることが大切になる。すなわち、自分との関わりで多面的・多角的に考えることを通して、道徳的諸価値の理解を深めることが求められているのである。

　以上のような視点から、本授業においても「自分のよいところを伸ばすための取り組み」をカードに書く学習を取り入れる。その際に注意しなければならないのは「もっとがんばりたいです」など抽象的な表現ではなく、具体的にどのようにして自分のよさを伸ばしていきたいのかを、児童が言語化できるようにすることである。そのためには事前学習の段階で、児童が自分のよさとしっかりと向き合うこと、カードに書く際に教師が丁寧に声がけすることが重要だろう。

　さらに自分のよいところを伸ばすための取り組みを書いた後、ペアになって伝え合うというペアワークも実施する。その際、自分のよいところを発表した友達に対して、自らが感じたことを伝えるという相互コミュニケーションの時間を取り入れることで、言語活動の充実を図りたい。

　このようなペアワークの中で、友達の発表をよく聞き、自分なりの感想をもって伝え合うことで、よさを伸ばすための取り組みに対して児童同士の関わ

表13－2　言語活動の充実

・わたしのよいところは優しいところだけど、同級生だけではなく下級生も困っていたら声がけをしたり何か手伝ったりして、優しいところをもっと伸ばしていきたいと思いました。
・（友達の発表に対して）○○さんは優しいし、いつもにこにこしているから、その明るさがみんなに広がり、クラス全体がもっとよくなるように、その優しさをもち続けてほしいと思います。

（出典）文部科学省「道徳教育アーカイブ　小学校第4学年　道徳学習指導案」を一部改変して作成
https://doutoku.mext.go.jp/pdf/practicalcase_108.pdf（2018年6月1日閲覧）

第 13 章　小学校における道徳科の授業づくり

り合いを生むことができる。さらに「自分も友達のよいところは進んで伝えたい」など、児童がお互いに積極的に関わっていく姿勢を育てることもできるだろう。また自分の体験や考え方、感じ方を交えながら話し合う言語活動は、児童が伸ばしたい自己と向き合い、自己の生き方についての考えを深めていくことを促す。こうした学習が、児童一人ひとりのこれからの目標を培い、課題を克服することにつながるのである。

　最後に終末の場面では、本時の学習を振り返り、偉人たちの言葉を紹介する。『わたしたちの道徳』では個性の伸長という視点から伝記を読み、そこから学んだことなどを書き込む欄が設けられており、児童自身の生き方を偉人の生き方と関連させることが推奨されている。これを受けて本授業もまた、「発明家ベル」の伝記へとつながる授業として位置づけることができる。そのため終末で偉人の言葉を引用することで、次の授業の展望を抱かせるようにしたい。

板書の工夫

　授業のねらいを達成するためには、板書の工夫も大切である。学習の順序や構造を整理し提示することで、学びを振り返ったり思考の深まりを促したりすることができる。本授業では、図13-1のように板書の工夫をしている。

③事前の学級活動で考えた「自分のよいところ」のワークシートのまわりに、本時に一人ひとりが考えた「よいところをどのように伸ばしていくか」を書いたカードを貼り、全員で共有した。

②主人公の価値の高まりを捉えやすいように、下から上に短冊を貼りながら、心の動きを構造的に板書していった。

①本時で学習する課題を示す。

図13-1　板書の例

（出典）文部科学省「道徳教育アーカイブ　小学校第4学年　道徳学習指導案」を一部改変して作成
https://doutoku.mext.go.jp/pdf/practicalcase_108.pdf（2018年6月1日閲覧）

まず事前の学級活動における学習を確認した後、冒頭に本時の課題を提示し、学びの焦点化を行う。展開の場面では、中央部分には下から上へと主人公の心の構造を図式化し、考え方や生き方などの変容を視覚的に捉えやすいようにする。また、矢印や色チョーク（下段の主人公の気持ちは青で囲み、中段から上段にかけて価値が高まっていく様子は赤い矢印で示す）を用いて整理していくことで、思考の深まりをねらう。展開後段において、本時の学習課題が児童一人ひとりの個性の伸長につながっていることに気づけるよう、「自分のよいところ」を書いたワークシートのまわりに、よさを伸ばすための具体策カードを貼る。

このように、児童の思考を深める手がかりとなる板書づくりのためには、事前に十分な板書計画を練ることが大切である。実際の授業では、この板書計画に基づきつつ、児童のその時々の反応も取り入れた板書づくりを心がけたい。

3 他の教育活動との連関

道徳教育は道徳科の授業を要（かなめ）として、学校の教育活動全体を通じて行われる。このような視点から本授業もまた、他の教育活動と密接に関連して位置づけられている（図13-2参照）。本授業のねらいを達成するためにとくに重要であるのが、学級活動としての特別活動および保護者との連携である。

本授業を行う事前学習として、学級活動の中で『わたしたちの道徳』47頁のワークシートを活用し、児童一人ひとりが「自分のよいところ・気になるところ」を考える活動をする。また友達や家族から「こんなよいところがあるよメッセージ」を寄せてもらい、ペアで話し合い伝え合う活動を行う。これにより児童は、自分では気づいていなかったよさを新たに知り、自分のよいところについてじっくりと自分自身を見つめることができるだろう。

さらには授業実施前と後に学級通信の中で、保護者に対して表13-3のような「協力のお願い」を掲載する。このような協力のお願いを受けて、保護者からは授業実施後に「友達が泣いているときに、そばに行って声をかけてあげることができる優しい心をいつまでも大事にしてほしいです。歌も上手だよね。がんばって歌って楽しい時間をつくってね」などの言葉が返ってきた。このよ

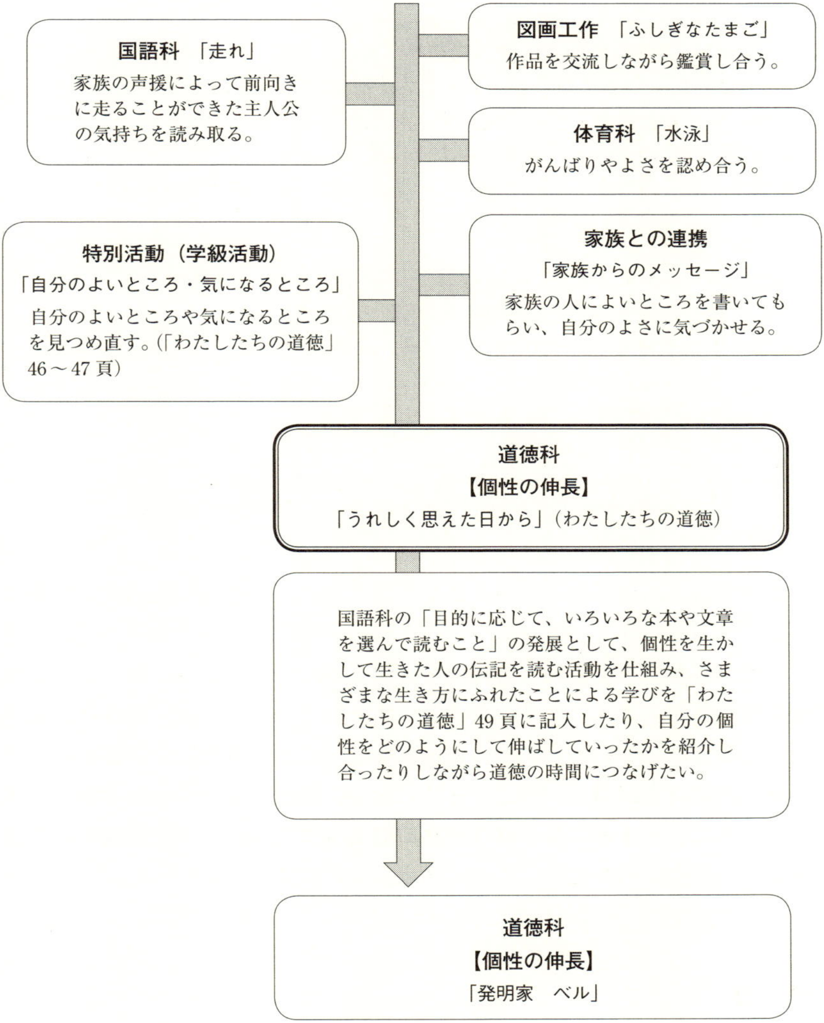

第13章 小学校における道徳科の授業づくり

```
┌─────────────────────┐      ┌─────────────────────┐
│ 国語科 「走れ」      │      │ 図画工作 「ふしぎなたまご」│
│ 家族の声援によって前向き│      │ 作品を交流しながら鑑賞し合う。│
│ に走ることができた主人公│      └─────────────────────┘
│ の気持ちを読み取る。  │      
└─────────────────────┘      ┌─────────────────────┐
                              │ 体育科 「水泳」      │
                              │ がんばりやよさを認め合う。│
                              └─────────────────────┘

┌─────────────────────┐      ┌─────────────────────┐
│ 特別活動（学級活動）  │      │ 家族との連携         │
│「自分のよいところ・気になるところ」│ │「家族からのメッセージ」│
│ 自分のよいところや気になるところ│ │ 家族の人によいところを書いても│
│ を見つめ直す。（「わたしたちの道徳」│ │ らい、自分のよさに気づかせる。│
│ 46～47頁）           │      └─────────────────────┘
└─────────────────────┘
```

道徳科
【個性の伸長】
「うれしく思えた日から」（わたしたちの道徳）

国語科の「目的に応じて、いろいろな本や文章を選んで読むこと」の発展として、個性を生かして生きた人の伝記を読む活動を仕組み、さまざまな生き方にふれたことによる学びを「わたしたちの道徳」49頁に記入したり、自分の個性をどのようにして伸ばしていったかを紹介し合ったりしながら道徳の時間につなげたい。

道徳科
【個性の伸長】
「発明家　ベル」

図13－2　他の教育活動との連関

（出典）文部科学省「道徳教育アーカイブ　小学校第4学年　道徳学習指導案」を一部改変して作成
https://doutoku.mext.go.jp/pdf/practicalcase_108.pdf（2018年6月1日閲覧）

第Ⅲ部　道徳教育と道徳科の指導法

表13-3　保護者との連携

【授業実施前】道徳の時間に、読み物教材「うれしく思えた日から」を使って、「自分のよさに気づき、自分のよいところを伸ばそうとする態度を育てる」ことをねらいとした学習をする予定です。家族や友達から自分のよいところを伝えてもらい、そのよいところをどのように伸ばしていきたいか子ども一人ひとりが考え、書く活動をしたいと考えています。そこで、保護者の皆様にお子さんのよいところを書いていただきたいです。

【授業実施後】子どもたちは、よく考え、自分の思いを発表したり、友達の考えに対して自分の感じたことを伝えたりすることができました。
　授業の中で子どもたちが書いた「自分のよいところを伸ばすために取り組んでみようと思うこと」に対して、おうちの人から励ましのひと言をいただきたいです。

（出典）文部科学省「道徳教育アーカイブ　小学校第4学年　道徳学習指導案」を一部改変して作成
https://doutoku.mext.go.jp/pdf/practicalcase_108.pdf（2018年6月1日閲覧）

うな言葉を受けて、児童は自らのよさを伸ばすために、さらに意欲的に取り組むことができるだろう。
　以上のように他の教育活動との連関や、保護者との連携を生かすことは、児童の成長を全体で支えることにつながる。さらにこのような取り組みは、道徳教育に関する保護者の理解を促すことにもなる。ただし本授業を実施するにあたっては、児童同士がお互いのよさを認め合い、高め合えるような学級づくりができていること、さらには多様な家庭環境をふまえて、児童と保護者の関係の把握および配慮が欠かせないことに注意しなければならない。

4　評　価

　本授業の評価は、発言とカードに基づいて行う。その際の視点となるのが、「自分の特徴に気づき、よいところをさらに伸ばすために取り組んでみようとすることについての考えをまとめている」かどうかである。自分の行動との関

係、他の児童との関係、家族との関係など多角的・多面的な視点から、「個性の伸長」という道徳的価値に向き合い、自己の生き方について考えを深めているかどうかを問う。ただし道徳科の授業における評価では、児童の成長の様子を本授業だけでなく、継続的に見取ることが大切である。したがって教師は指導要録を有効に活用するのみならず、本授業で扱ったような『わたしたちの道徳』の記述欄や記入したカードを時系列に沿って収集・蓄積したり、児童の成長に関わるエピソードを丁寧に記録したりして、学びの姿を多様な視点で捉えられるようにしたい。

参考文献
貝塚茂樹・関根明伸編著『道徳教育を学ぶための重要項目100』教育出版、2016年
「考え、議論する道徳」を実現する会『「考え、議論する道徳」を実現する！──主体的・対話的で深い学びの視点から』図書文化社、2017年
道徳教育に係る評価等の在り方に関する専門家会議「『特別の教科 道徳』の指導方法・評価等について」（平成28年7月22日）
文部科学省「うれしく思えた日から」（『わたしたちの道徳 小学校3・4年』）
文部科学省「道徳教育アーカイブ」https://doutoku.mext.go.jp/（本文中の「道徳教育アーカイブ」データはすべて2018年6月1日に閲覧）

第14章

中学校における道徳科の授業づくり

　中学校の道徳科において、生徒は日常生活などにおけるさまざまな経験や葛藤を手がかりとして、小学校で学んだ道徳的諸価値をより深く理解し、自己を見つめ、物事を広い視野から多面的・多角的に捉え、人間としての生き方について考えを深めることをよりいっそう推し進めていくことが必要となる。それでは、このような目標の達成に向けて、中学生のための「考え、議論する道徳」をどのように実施すればよいのか。そこで、本章では、前章と同じく文部科学省「道徳教育アーカイブ」で紹介されている第3学年の学習指導案の工夫事例（熊本市教育委員会提供、主題名「本当の友情」／教材名「期末テスト」〈自作教材〉、以下「本学習指導案」）をもとに、中学校における道徳科の授業づくりのあり方について考えていく。

1　主題設定の理由

　本学習指導案の構成は、次のとおりである。

1「主題名／教材（資料）名」
2「主題設定の理由」：
　「2-(1) ねらいとする価値」「2-(2) 生徒の実態」「2-(3) 教材（資料）観」「2-(4) 指導観」「2-(5) 人権教育の視点」
3「主題の目標」
4「本時の学習」：
　「4-(1) ねらい」「4-(2) 授業づくり5つの視点」「4-(3) 展開」「4-(4) 本時の評価」

5「ワークシート／読み物教材」

　まずは、「2-(1) ねらいとする価値」から確認していく。本学習指導案では、「本当の友情」という主題のもと、2つの道徳的価値について理解することをねらいとしている。1つは、「B　主として人との関わりに関すること」に分類されている「友情、信頼」である。もう1つは、「C　主として集団や社会との関わりに関すること」に分類されている「遵法精神、公徳心」である。より具体的にいえば、本学習指導案の目標は、集団や社会のルールを尊重することの重要性を生徒に気づかせ、友情を大切にしつつもルールを守ることができる判断力を養うことにある。

　しかし、なぜ上記の道徳的価値を理解させたいのか。その理由が、「2-(2) 生徒の実態」において語られている。学校などの集団や社会には、さまざまなルールが存在する。しかし、そのようなルールの中には、法律のように厳格な罰が定められていないものもある。また、ルールと友情などとを比較して、いずれかを選択しなければならないように感じる場合もある。そのため、ルールを守るべきだと理解していても、ルールを守るという正しい判断を実際に下すことができないことが一般によく見られる。そして、本学習指導案が対象とするクラスにおいても同様の傾向が見られる、と分析されている。その原因としては、ルールを守ること、すなわち社会全体の利益を優先することのよさを実感する体験が少ないこと、さらには友人関係などが関わると問題が複雑になることがあげられている。

　このような実態をふまえ、「2-(3) 教材（資料）観」では、読み物教材として「期末テスト」（自作教材）を使用する、とされている。その内容は、主人公の勇樹が、友人である健太のカンニングを目撃し、そのことを先生に報告するべきか否かで葛藤する、という話である。本学習指導案では、この読み物教材をもとに、ルールを守ることと友情との間で葛藤する主人公の心情を通して、生徒が具体的に以下の3点について考えるようになることが企図されている。

①先生に報告しないことも考えられるが、そのような行動が本当に自分や友人のためになるのか、また今後よりよく生きていくことにつながるのか、

ということについて考える。
② ルールを守ることと友情との間で葛藤が生じているが、両者は必ずしも矛盾するものではなく、よりよい友情を保つために、場合によっては相手に注意することも必要だ、ということについて考える。
③ ルールを守ることで、個人の権利が守られるとともに誰もがよりよく生活できることを実感し、ルールを守ることの大切さや自らの生き方について考える。

それでは、上記3点について生徒が考えるようになるためには、どのような指導上の工夫が必要となるのだろうか。その点について言及しているのが、「2－(4) 指導観」である。そこでは、次節で詳述する「4－(3) 展開」における4段階（「導入」「展開前段」「展開後段」「終末」）ごとに、指導上の工夫の要点が示されている。また、同箇所では、生徒の実態に応じた指導上の工夫についても言及されている。前者については次節で詳述するため、ここでは後者についてのみ確認しておきたい。表14－1のように、1クラスの中にもさまざまな性格の生徒がいるため、授業を行う際には、生徒一人ひとりの実態に応じて適切に働きかけることが必要である。なお、「2－(5) 人権教育の視点」については、説明を割愛する。

表14－1　生徒の実態に応じた指導上の工夫

生徒の実態	個や集団に応じた支援
・ルールを守らないといけないことは知ってはいるが、友達関係を優先してルールを守らないことがある生徒が数名いる。	よい友達関係を保つために、相手に注意することも大事であることに気づくような問いかけを行う。
・自分の意見を明確にすることが苦手な生徒が数名いる。	ワークシートに自分の意見を書く時間を確保し、班での交流がスムーズになるようにする。
・人の意見を傾聴するのが苦手な生徒が数名いる。	ホワイトボード紙に出た意見を書き出し（思考の可視化）、よりよい解決策を話し合う。
・間違ったことは言っていないのに、相手にうまく伝えられない生徒や、強い言い回しになってしまう生徒がいる。	たんにルールだからダメとするのではなく、みんなが納得するような言い方がないかを考えられるようにする。（協同学習）

（出典）文部科学省「道徳教育アーカイブ　第3学年5組　道徳学習指導案」を一部改変して作成
https://doutoku.mext.go.jp/pdf/practicalcase_114.pdf（2018年6月1日閲覧）

2 本時の過程

 以上の内容をふまえて、「4 本時の学習」が構想されている。まず、「4－(1) ねらい」では、「3 主題の目標」でも語られているように、集団や社会のルールを守ることの大切さに気づき、友情を大切にしながらもルールを守ることができる判断力を養うことが、本時の目標として掲げられている。この「4－(1) ねらい」をふまえ、「4－(3) 展開」では、この目標の達成に向けた具体的な学習指導過程が構想されている（表14－2）。

 それでは、表14－2で示した学習指導過程について、「2－(4) 指導観」および「4－(2) 授業づくり5つの視点」をふまえ、各段階における指導上の工夫に焦点をあてながらその内容を概観していく。まず、導入の段階では、教材を読む前に、本時で主に取り上げる道徳的価値がルールを守ることおよび友情であることを提示するとともに（視点1）、生徒はそれに関する現在の自分の価値観を明確にしておく（視点2）。

 こうした導入をふまえて、展開前段において教材を読むことになる。その際、内容理解を促し学習意欲を高めるために、自分の立場に置き換えやすい身近な題材をもとにした読み物教材を用意することや、その内容を適宜短くしたり挿絵を活用したりするなどの工夫を凝らす（視点4）。また、教材を読み終えた後に、クラス全体に向けて「(カンニングを目撃した)勇樹は、この後どうするとよいでしょうか」、と発問する。ここで留意すべき点としては、このように発問することで、生徒が主人公の心情それ自体を考えるようになることを目指しているわけではない、ということである。むしろ、このような発問を契機として、生徒が主人公の立場に身を置いて自分（たち）にできることを考えるという問題解決的な学習に生徒を導くことが企図されている。なお、発問に対する反応を板書する際には、A～Dの各案に分類しながら板書を行うと、わかりやすい板書になる。そして、この列挙された選択肢について、生徒は一人ひとり優先順位をつける。その際、図14－1（176頁）のように、ワークシート（学習シート）を活用していることもまた、指導上の重要な工夫である。というのも、ワークシートを活用することで、生徒が自らの思考を可視化し整理する

第Ⅲ部　道徳教育と道徳科の指導法

表 14-2　学習指導過程

過程	学習活動	形態	教師の支援（○）および予想される生徒の反応（・）、ならびに評価（＊）	備考
導入 5分	1　本時のテーマについて今の価値観を確認する。	一斉	○学校にはどんなルールがありますか。 ・遅刻禁止　・私語厳禁　・服装 ○ルールについて、学習前段階での自分の価値観を押さえておく。 ○それらのルールには、どんな意味がありますか。 ・みんなを守るため　・よりよい学校生活を送るため ・集団の秩序を維持するため ○今日は、主人公の大親友が起こした大きな問題に対し、主人公が深く悩みます。どのような判断をしたらよいのか、みんなが納得できる答えを見つけましょう。 ○いろいろな意見を聞いて、みんなで納得するための話し合いであることに注意する。	ワークシート 視点1 視点2
展開 前段 20分	2　教材を読んで、話し合う。 (1) 勇樹の判断について考える。 (2) 優先順位を考える。	個 一斉 個 班	問題解決的な学習 勇樹は、この後どうするとよいでしょうか。 ・A案…健太を説得し、一緒に先生のところについていく。 ・B案…健太には注意するが、先生には言わない。 ・C案…健太には何も言わず、先生にだけ言う。 ・D案…健太にも先生にも何も話さない。 ○板書に、健太を大切に思う勇樹の心情とルールを守らなければいけないのではという葛藤を押さえる。 ○D案の生徒に対し、「受験の時に健太が同じことをしてしまいそれが発覚して受験に失敗してしまったら」という問いかけをする。 これらに順位をつけ、その理由も考えましょう。 〈深める発問〉 ・A→C→D→B　ダメなことはダメと伝える。 ・先生に言うべきだが、友情が壊れそう。 ・健太に注意して、自分で先生に言うように仕向けるのが本当の友情だ。 ○根拠を明確にして意見を発表できるよう、ワークシートを活用する。 ○友達の意見をしっかり聞き、それを受けて発言できるようにする。 意図的な班編成 ○個人で考えた後、班での交流に移る。その際、ホワイトボード紙に出た意見を書き出し、よりよい解決策を話し合う。 思考の可視化	教材 ワークシート 視点4 ホワイトボード紙 視点3

第14章　中学校における道徳科の授業づくり

展開後段 20分	3 よりよい解決策を考える。 意図的に編成した班での協同学習	一斉	問題場面で、勇樹は健太にどのような言葉をかければよいか、自分で考えた言葉を用いて役割演技をしましょう。 ○たんにルールだからダメとするのではなく、みんなが納得するような言い方がないかを考えられるようにする。 ・本当に友達だと思っているから、健太に言いたいんだ。頼むから二度とやらないでくれ。 ・一緒に付いていくから、先生に正直に言おう。 ・そんなことで健太がズルい奴と思われるのは嫌なんだ。だから素直に謝りに行こう。 　　　　　　　　　　　　　　　　＊評価①	視点5 ホワイトボード紙
終末 5分	4 今日の授業を振り返る。	個 一斉	○今日の授業でどんなことを考えましたか。 ・友情は大事なものだけど、相手の成長を考える場合は、時につらいことでも勇気をもって言わなければならない。 　　　　　　　　　　　　　　　　＊評価② ○展開の話し合いが日常生活にも反映するように、学んだ内容を確認する。	ワークシート

（出典）文部科学省「道徳教育アーカイブ　第3学年5組　道徳学習指導案」を一部改変して作成
https://doutoku.mext.go.jp/pdf/practicalcase_114/pdf（2018年6月1日閲覧）

ことができるからである。

　さらに、展開前段（2）の後半から展開後段にかけて、班ごとおよびクラス全体での思考と発表の時間となる。思考の場面では、価値観の異なる生徒同士を同じ班に意図的に組み入れ、班ごとに他の生徒の意見を認めながら自分の意見を発表し合うことで、協同学習、さらには主体的・対話的で深い学び（アクティブ・ラーニング）を促進する（視点3）。その際、互いの意見で納得できない箇所について質問し合い、意見を交わす過程で、ルールを守ることと友情とのどちらを優先するかによって意見が分かれることに気づかせることもまた、重要な視点である。加えて、ホワイトボード紙を用いて思考の可視化を図ることも欠かすことのできない工夫の1つである。また、発表の場面では、各班で作成したホワイトボード紙に基づいてクラス全体でよりよい解決策について考えるために、役割演技を導入する（視点5）。これにより、道徳的価値を知識として理解することにとどまらず、行動や身体表現を通じて道徳的価値を実感し体得することが可能になるとともに、思考をよりいっそう多面的・多角的に深められるようになる。

第Ⅲ部 道徳教育と道徳科の指導法

道徳ノート「期末テスト」　　月　　日　　名前

Q1　学校にはどんなルールがありますか。また、どんな意味がありますか。

Q2　勇樹は、どうすればよいと思いますか。

解決策	長所	短所	順位
A案			
B案			
C案			
D案			

Q3　勇樹は、健太に何と言えばよいでしょう。また健太は、それに対してどう答えるでしょう。

（勇樹の言葉）

（健太の言葉）

メモ

今日の授業を振り返りましょう。（4：よくできた　3：できた　2：あまりできなかった　1：できなかった）

① 教材で、登場人物の立場になって考えることができた。	4・3・2・1
② 教材で、自分だったらどうするかを考えることができた。	4・3・2・1
③ 自分の考えをもち、書いたり発表したりすることができた。	4・3・2・1
④ 授業の終わりに、これからのめあてを見つけることができた。	4・3・2・1
⑤ 今日の授業で「本当の友情」について、考えたことを書きましょう。	

図14−1　ワークシート

（出典）文部科学省「道徳教育アーカイブ　第3学年5組　道徳学習指導案」を一部改変して作成
https://doutoku.mext.go.jp/pdf/practicalcase_114.pdf（2018年6月1日閲覧）

そして、終末の段階では、本時で学んだ道徳的価値について振り返る。その際、生徒がその道徳的価値を自らとの関わりにおいて捉え、自らのよりよい生き方を考えることに結びつける必要がある。そのため、生徒一人ひとりがこれまでの自らの日常生活に照らし合わせながら、振り返りを行うとよい。加えて、本時の学習内容が今後の人生にどのように生かせるのか、と問いかけることも有効である。

3　評　価

　以上のような学習指導過程を経て、最終的に評価を行うことになるが、本学習指導案では、評価の観点が2つ提示されている。1つ目は、展開後段で、本当の友情とは何かを考え、よりよい解決策を具体的に考えているかどうか、ということである（評価①）。この評価①では、役割演技について評価することになるので、パフォーマンス評価を行うことになる。2つ目は、終末の段階で、ルールを守ろうとする具体的な決意や新たに気づいたルールの意義などを書いているかどうか、ということである（評価②）。この評価②については、ワークシートの記述をもとに評価することになる。以下では、両評価方法の要点と留意点について述べる。
　まず、パフォーマンス評価とは、あらかじめ設定したルーブリック（評価基準）に従って、生徒が培った思考力・表現力などを可視化したパフォーマンス（記述、発言、演技など）をもとに評価する方法である。評価①の場合、生徒が個人および班で考えたよりよい解決策を基調とする役割演技を観察し、その演技をもとに評価することになる。しかし、その際注意すべきは、評価すべき対象が役割演技それ自体というよりも、むしろ評価①の観点について思考がどのように変容し深化したのかという点であるため、そのような観点に即したルーブリックを設ける必要がある。というのも、表14-1とも関連するが、自分の考えをうまく表現できないものの、道徳的にふるまうことができる生徒がいる一方で、道徳的価値に関する理解が十分であり、それをうまく表現できるが、実際に行動に移すことができない生徒がいる、ということが考えられるからで

ある。

　次に、ワークシートの記述に基づく評価の要点と留意点について述べる。図14-1のとおり、本学習指導案で提示されているワークシートの末尾では、授業を振り返るための4つの視点について、それぞれ4段階で自己評価を行わせるとともに、自由記述欄も設けられている。生徒の道徳性の発達状況は、教師の立場からは把握しにくい点も多いため、こうした生徒の自己評価をもとにその道徳性の発達状況を理解することもまた、道徳科の評価において重要である。ただし、ここでもまたパフォーマンス評価と同様に、ワークシート末尾の記述内容だけに基づいて評価するのではなく、評価②の観点に関わる生徒の思考の変容や深化に注目して評価することが求められる。そのため、上記ワークシートでは、学習指導過程において教師から発せられる3つの質問について記述する欄が設けられている。つまり、これら3つの質問を経て生徒に自己評価を行わせることで、生徒の思考の変容や深化が可視化されるように工夫がなされているのである。

　さらに、終末段階において自己評価を行うことは、生徒にとっても本時の学習内容や思考の変容および深化を振り返る機会になる。また、こうしたワークシートなどをポートフォリオとしてまとめておくことで、学期末や学年末の際に、長期間にわたる学習の過程や思考の変容・深化を生徒に振り返らせることが可能となるだけでなく、教師が評価を行う際の手がかりにもなる。

　ただし、ワークシートへの記述量が増えるほど議論などの時間が割かれてしまうことにも留意したい。そのため、ワークシートへの記述は要所に限定し、すでに取り上げたパフォーマンス評価などの他の評価方法も併用しながら、多面的で総合的な評価を行うことが望ましい。

　以上のように、本章では、「道徳教育アーカイブ」で紹介されている学習指導案をもとに、中学校における道徳科の授業づくりのあり方について考えてきた。しかし、本章で取り上げた内容はあくまでも一例であり、その他にもさまざまな工夫が存在するとともに、そうした工夫を改良したり新たな工夫を考えたりすることも今後必要である。そのためにも、教師一人ひとりが生徒や他の教職員、研究者らと中学生のための「考え、議論する道徳」について、これからも考え、議論し続けていく姿勢が求められる。

参考文献

「考え、議論する道徳」を実現する会『「考え、議論する道徳」を実現する！──主体的・対話的で深い学びの視点から』図書文化社、2017 年

田沼茂紀編著『道徳科授業サポート BOOKS 「特別の教科 道徳」授業＆評価完全ガイド──通知表の記入文例付』明治図書出版、2016 年

永田繁雄編『「道徳科」評価の考え方・進め方』教育開発研究所、2017 年

諸富祥彦・植草伸之・齊藤優編著『中学校 すぐできる"とびっきり"の道徳授業 2──ワークシートでできる「道徳科」授業プラン』明治図書出版、2016 年

柳沼良太『道徳の理論と指導法──「考え議論する道徳」でよりよく生きる力を育む』図書文化社、2017 年

柳沼良太編著『子どもが考え、議論する問題解決型の道徳授業事例集 中学校──問題解決的な学習と体験的な学習を活用した道徳科の指導方法』図書文化社、2016 年

柳沼良太・丹羽紀一・加納一輝『中学校 問題解決的な学習で創る道徳授業パーフェクトガイド』明治図書出版、2016 年

文部科学省「道徳教育アーカイブ」https://doutoku.mext.go.jp/（本文中の「道徳教育アーカイブ」データはすべて 2018 年 6 月 1 日に閲覧）

あとがき

　「道徳の時間」の特設からおよそ60年、平成最後の年を前に、小・中学校の道徳教育は大きな転換期を迎えた。幾度も話題に上りながらそのつど見送られてきた道徳の教科化が、「特別の教科」という新しい枠組みで現実化したのである。私たちは、新しく誕生した道徳科の問題点をも意識しながら、より現実的で実りのある道徳教育のあり方を探究していきたいと考えている。
　「考え、議論する道徳」というコンセプトのもと、新学習指導要領での道徳教育および道徳科の説明には、「多様」「多面的」「多角的」の語が頻出する（小学校で9ヶ所、中学校では12ヶ所に及ぶ）。しかし、注意しなければならないのは、これらの用語の、実際にはきわめて限定された使用法である。小学校学習指導要領から2つ引用してみる（いずれも、第3章「特別の教科　道徳」第3「指導計画の作成と内容の取扱い」から）。「多様な見方や考え方のできる事柄について、特定の見方や考え方に偏った指導を行うことがないようにすること」。「児童が問題意識をもって多面的・多角的に考えたり、感動を覚えたりするような充実した教材の開発や活用を行うこと」。
　正確に読み取るならば、「多面的・多角的に考える」ことが許容されるのは、道徳的価値に根ざした問題に対する「多様な感じ方・見方・考え方」に事実上限定されていることがわかる。「内容項目」で示される道徳的諸価値の学習のためには多様な教材が開発・活用されなければならないが、当の「内容項目」自体は、多様で、多面的・多角的な見方や考え方の対象とはされていないのである。さらにいえば、そもそも道徳的諸価値とは、4つの視点のもとで19個から22個の項目に分類・整理できるようなものなのかという疑問も提示されている。たとえば、これらの内容項目には憲法的価値である平和、人権、民主主義が入っていないとする批判も見受けられる。道徳科に対するこうした根本的な問題意識をも共有しながら、本書『考える道徳教育』は企画された。
　これまでの形式的で退屈な「読み物道徳」から、「多様な」見方や考え方に接しながら「多面的・多角的」に「考え、議論する道徳」へ転換すること。そ

あとがき

こに私たちも、道徳教育の未来と道徳科のあるべき姿を求めたい。しかしそのためには、道徳教育の基本である「道徳的諸価値の理解」に関わる学習においても（あるいはそこにおいてこそ）、道徳的価値（内容項目）そのものを多様な立場から多面的・多角的に考え議論する学習が必然的に要請されるのではないだろうか。現時点では必ずしも明示されていない道徳科の姿であるが、私たちの『考える道徳教育』にはそのような構想が含まれている。

　現実にも、こうした道徳教育が今後ますます求められていくことになるだろう。本書の編集作業の途上、2018年3月に新しい高等学校学習指導要領が告示され（2022年度から年次進行で実施）、道徳教育に関して重要な改正がなされている。1つは、高校においても道徳教育推進教師を中心とした道徳教育の充実と推進が求められたことである。もう1つは、選挙権年齢が18歳以上に引き下げられたこととも関連して、公民科に道徳教育の役割も担う「公共」が必修科目として新設されたことである。「公共」では、現代社会の諸課題を考察し、主体的に解決しようとする態度を養うとともに、現代社会に生きる人間としてのあり方・生き方についての自覚を深めることなどが目標とされている。

　今後、小・中学校での道徳科は、高校の新科目「公共」とも関連づけて構築されていかなければならないだろう。幸福、正義、公正などに着目して、人間の尊厳と平等、自由・権利と責任・義務など、公共空間の基本原理を学ぶ「公共」は、道徳的価値を多面的・多角的に考察し、表現する倫理的主体の育成を目指している。こうした主体形成に向けて、小・中学校での道徳科ではどのような学習や指導が必要なのだろうか、可能なのだろうか。道徳科の教育観・指導観・学習観は、むしろこれから本格的に形作られていくといってよいだろう。

　道徳科は誕生したばかりにすぎず、どのように育てていくかは私たちの双肩にかかっていることを忘れないでおきたい。たとえば、一人の教員の教職キャリアも長ければ40年にわたる。10年後、20年後、30年後……、将来の各時点における道徳科の姿を今から見通すことは不可能である。しかし、第1歩は踏み出された。本書は、この1歩に続くこれから（しばらく）の歩みをできるだけ確かで実りあるものにすることを目指して編まれたものである。

　主として想定している読者は、教員を目指して大学等の教職課程に学ぶ学生

である。そのため、「まえがき」で述べたように、「道徳教育の基礎知識」「これからの道徳教育と道徳科」「道徳教育と道徳科の指導法」の3部構成で全体的なバランスを考慮した。また、2019年4月1日より教育職員免許法ならびに同施行規則の改正が施行されるが、改正後の新法に基づく教職に関する科目「道徳の理論及び指導法」およびその「教職課程コアカリキュラム」にも対応した内容構成となっている。しかし、道徳教育、道徳科は学校のみが担うものではない。家庭や地域社会、各分野の専門家等の積極的な参加や協力が必要となる。教職課程に学ぶ学生のみならず、広く教育関係者、保護者、道徳教育に関心のある方々にも本書を読んでいただけることを心より願っている。

　執筆者は、時期に違いはあっても東北大学大学院教育学研究科人間形成論研究室（旧・教育哲学教育史研究室）に学び、研究してきた者、あるいは深く関わってきた者である。同じ研究室の出身者・関係者といえども、現在は全国の大学等に所属し、各地域での教員養成や現職研修、教員免許状更新講習等に積極的に関わってきた。私たちは道徳教育に関する各自の、いわば多様で、多面的・多角的な経験や知見を持ち寄って、これからも道徳教育のあり方に正面から向き合い、考え、議論していくという姿勢を共有している。本書が多少なりともこれからの道徳教育、道徳科を考える手引きとなるならば、執筆者一同、これにすぎる喜びはない。ご高評を賜れれば幸いである。

　私たちの研究室による道徳教育のテキストとしては、『道徳教育の研究』（初版1979年、改訂版1991年）、『〈問い〉としての道徳教育』（2000年）、『道徳教育 21の問い』（2009年）に続いて、本書が4冊目となる。いずれも福村出版から刊行されている。

　最後に、このたびも執筆者たちの思いに賛同をいただき、本書の出版を快諾してくださった福村出版編集部に心よりお礼を申し上げたい。

2018年7月1日

編者を代表して　山口 匡

資　料

「教育基本法」（平成18年12月22日　法律第120号）（2006）

　我々日本国民は、たゆまぬ努力によって築いてきた民主的で文化的な国家を更に発展させるとともに、世界の平和と人類の福祉の向上に貢献することを願うものである。
　我々は、この理想を実現するため、個人の尊厳を重んじ、真理と正義を希求し、公共の精神を尊び、豊かな人間性と創造性を備えた人間の育成を期するとともに、伝統を継承し、新しい文化の創造を目指す教育を推進する。
　ここに、我々は、日本国憲法の精神にのっとり、我が国の未来を切り拓く教育の基本を確立し、その振興を図るため、この法律を制定する。

　　第一章　教育の目的及び理念

第一条（教育の目的）　教育は、人格の完成を目指し、平和で民主的な国家及び社会の形成者として必要な資質を備えた心身ともに健康な国民の育成を期して行われなければならない。
第二条（教育の目標）　教育は、その目的を実現するため、学問の自由を尊重しつつ、次に掲げる目標を達成するよう行われるものとする。
　一　幅広い知識と教養を身に付け、真理を求める態度を養い、豊かな情操と道徳心を培うとともに、健やかな身体を養うこと。
　二　個人の価値を尊重して、その能力を伸ばし、創造性を培い、自主及び自律の精神を養うとともに、職業及び生活との関連を重視し、勤労を重んずる態度を養うこと。
　三　正義と責任、男女の平等、自他の敬愛と協力を重んずるとともに、公共の精神に基づき、主体的に社会の形成に参画し、その発展に寄与する態度を養うこと。
　四　生命を尊び、自然を大切にし、環境の保全に寄与する態度を養うこと。
　五　伝統と文化を尊重し、それらをはぐくんできた我が国と郷土を愛するとともに、他国を尊重し、国際社会の平和と発展に寄与する態度を養うこと。
第三条（生涯学習の理念）　国民一人一人が、自己の人格を磨き、豊かな人生を送ることができるよう、その生涯にわたって、あらゆる機会に、あらゆる場所において学習することができ、その成果を適切に生かすことのできる社会の実現が図られな

ければならない。
第四条（教育の機会均等）　すべて国民は、ひとしく、その能力に応じた教育を受ける機会を与えられなければならず、人種、信条、性別、社会的身分、経済的地位又は門地によって、教育上差別されない。
2　国及び地方公共団体は、障害のある者が、その障害の状態に応じ、十分な教育を受けられるよう、教育上必要な支援を講じなければならない。
3　国及び地方公共団体は、能力があるにもかかわらず、経済的理由によって修学が困難な者に対して、奨学の措置を講じなければならない。

第二章　教育の実施に関する基本

第五条（義務教育）　国民は、その保護する子に、別に法律で定めるところにより、普通教育を受けさせる義務を負う。
2　義務教育として行われる普通教育は、各個人の有する能力を伸ばしつつ社会において自立的に生きる基礎を培い、また、国家及び社会の形成者として必要とされる基本的な資質を養うことを目的として行われるものとする。
3　国及び地方公共団体は、義務教育の機会を保障し、その水準を確保するため、適切な役割分担及び相互の協力の下、その実施に責任を負う。
4　国又は地方公共団体の設置する学校における義務教育については、授業料を徴収しない。
第六条（学校教育）　法律に定める学校は、公の性質を有するものであって、国、地方公共団体及び法律に定める法人のみが、これを設置することができる。
2　前項の学校においては、教育の目標が達成されるよう、教育を受ける者の心身の発達に応じて、体系的な教育が組織的に行われなければならない。この場合において、教育を受ける者が、学校生活を営む上で必要な規律を重んずるとともに、自ら進んで学習に取り組む意欲を高めることを重視して行われなければならない。
第七条（大学）　大学は、学術の中心として、高い教養と専門的能力を培うとともに、深く真理を探究して新たな知見を創造し、これらの成果を広く社会に提供することにより、社会の発展に寄与するものとする。
2　大学については、自主性、自律性その他の大学における教育及び研究の特性が尊重されなければならない。
第八条（私立学校）　私立学校の有する公の性質及び学校教育において果たす重要な役割にかんがみ、国及び地方公共団体は、その自主性を尊重しつつ、助成その他の

適当な方法によって私立学校教育の振興に努めなければならない。

第九条（教員）　法律に定める学校の教員は、自己の崇高な使命を深く自覚し、絶えず研究と修養に励み、その職責の遂行に努めなければならない。

2　前項の教員については、その使命と職責の重要性にかんがみ、その身分は尊重され、待遇の適正が期せられるとともに、養成と研修の充実が図られなければならない。

第十条（家庭教育）　父母その他の保護者は、子の教育について第一義的責任を有するものであって、生活のために必要な習慣を身に付けさせるとともに、自立心を育成し、心身の調和のとれた発達を図るよう努めるものとする。

2　国及び地方公共団体は、家庭教育の自主性を尊重しつつ、保護者に対する学習の機会及び情報の提供その他の家庭教育を支援するために必要な施策を講ずるよう努めなければならない。

第十一条（幼児期の教育）　幼児期の教育は、生涯にわたる人格形成の基礎を培う重要なものであることにかんがみ、国及び地方公共団体は、幼児の健やかな成長に資する良好な環境の整備その他適当な方法によって、その振興に努めなければならない。

第十二条（社会教育）　個人の要望や社会の要請にこたえ、社会において行われる教育は、国及び地方公共団体によって奨励されなければならない。

2　国及び地方公共団体は、図書館、博物館、公民館その他の社会教育施設の設置、学校の施設の利用、学習の機会及び情報の提供その他の適当な方法によって社会教育の振興に努めなければならない。

第十三条（学校、家庭及び地域住民等の相互の連携協力）　学校、家庭及び地域住民その他の関係者は、教育におけるそれぞれの役割と責任を自覚するとともに、相互の連携及び協力に努めるものとする。

第十四条（政治教育）　良識ある公民として必要な政治的教養は、教育上尊重されなければならない。

2　法律に定める学校は、特定の政党を支持し、又はこれに反対するための政治教育その他政治的活動をしてはならない。

第十五条（宗教教育）　宗教に関する寛容の態度、宗教に関する一般的な教養及び宗教の社会生活における地位は、教育上尊重されなければならない。

2　国及び地方公共団体が設置する学校は、特定の宗教のための宗教教育その他宗教的活動をしてはならない。

第三章　教育行政

第十六条（教育行政）　教育は、不当な支配に服することなく、この法律及び他の法律の定めるところにより行われるべきものであり、教育行政は、国と地方公共団体との適切な役割分担及び相互の協力の下、公正かつ適正に行われなければならない。
2　国は、全国的な教育の機会均等と教育水準の維持向上を図るため、教育に関する施策を総合的に策定し、実施しなければならない。
3　地方公共団体は、その地域における教育の振興を図るため、その実情に応じた教育に関する施策を策定し、実施しなければならない。
4　国及び地方公共団体は、教育が円滑かつ継続的に実施されるよう、必要な財政上の措置を講じなければならない。
第十七条（教育振興基本計画）　政府は、教育の振興に関する施策の総合的かつ計画的な推進を図るため、教育の振興に関する施策についての基本的な方針及び講ずべき施策その他必要な事項について、基本的な計画を定め、これを国会に報告するとともに、公表しなければならない。
2　地方公共団体は、前項の計画を参酌し、その地域の実情に応じ、当該地方公共団体における教育の振興のための施策に関する基本的な計画を定めるよう努めなければならない。

第四章　法令の制定

第十八条　この法律に規定する諸条項を実施するため、必要な法令が制定されなければならない。

「学校教育法」(抄)(昭和22年3月31日　法律第26号)(1947)

　　第一章　総則

第一条　この法律で、学校とは、幼稚園、小学校、中学校、義務教育学校、高等学校、中等教育学校、特別支援学校、大学及び高等専門学校とする。
第二条　学校は、国(国立大学法人法(平成十五年法律第百十二号)第二条第一項に規定する国立大学法人及び独立行政法人国立高等専門学校機構を含む。以下同じ。)、地方公共団体(地方独立行政法人法(平成十五年法律第百十八号)第六十八条第一項に規定する公立大学法人(以下「公立大学法人」という。)を含む。次項及び第百二十七条において同じ。)及び私立学校法(昭和二十四年法律第二百七十号)第三条に規定する学校法人(以下「学校法人」という。)のみが、これを設置することができる。
②　この法律で、国立学校とは、国の設置する学校を、公立学校とは、地方公共団体の設置する学校を、私立学校とは、学校法人の設置する学校をいう。
第三条　学校を設置しようとする者は、学校の種類に応じ、文部科学大臣の定める設備、編制その他に関する設置基準に従い、これを設置しなければならない。
第四条　次の各号に掲げる学校の設置廃止、設置者の変更その他政令で定める事項(次条において「設置廃止等」という。)は、それぞれ当該各号に定める者の認可を受けなければならない。これらの学校のうち、高等学校(中等教育学校の後期課程を含む。)の通常の課程(以下「全日制の課程」という。)、夜間その他特別の時間又は時期において授業を行う課程(以下「定時制の課程」という。)及び通信による教育を行う課程(以下「通信制の課程」という。)、大学の学部、大学院及び大学院の研究科並びに第百八条第二項の大学の学科についても、同様とする。
　一　公立又は私立の大学及び高等専門学校　文部科学大臣
　二　市町村(市町村が単独で又は他の市町村と共同して設立する公立大学法人を含む。次条、第十三条第二項、第十四条、第百三十条第一項及び第百三十一条において同じ。)の設置する高等学校、中等教育学校及び特別支援学校　都道府県の教育委員会
　三　私立の幼稚園、小学校、中学校、義務教育学校、高等学校、中等教育学校及び特別支援学校　都道府県知事

② 前項の規定にかかわらず、同項第一号に掲げる学校を設置する者は、次に掲げる事項を行うときは、同項の認可を受けることを要しない。この場合において、当該学校を設置する者は、文部科学大臣の定めるところにより、あらかじめ、文部科学大臣に届け出なければならない。
　一　大学の学部若しくは大学院の研究科又は第百八条第二項の大学の学科の設置であつて、当該大学が授与する学位の種類及び分野の変更を伴わないもの
　二　大学の学部若しくは大学院の研究科又は第百八条第二項の大学の学科の廃止
　三　前二号に掲げるもののほか、政令で定める事項
③ 文部科学大臣は、前項の届出があつた場合において、その届出に係る事項が、設備、授業その他の事項に関する法令の規定に適合しないと認めるときは、その届出をした者に対し、必要な措置をとるべきことを命ずることができる。
④ 地方自治法（昭和二十二年法律第六十七号）第二百五十二条の十九第一項の指定都市（以下「指定都市」という。）（指定都市が単独で又は他の市町村と共同して設立する公立大学法人を含む。）の設置する高等学校、中等教育学校及び特別支援学校については、第一項の規定は、適用しない。この場合において、当該高等学校、中等教育学校及び特別支援学校を設置する者は、同項の規定により認可を受けなければならないとされている事項を行おうとするときは、あらかじめ、都道府県の教育委員会に届け出なければならない。
⑤ 第二項第一号の学位の種類及び分野の変更に関する基準は、文部科学大臣が、これを定める。
第四条の二　市町村は、その設置する幼稚園の設置廃止等を行おうとするときは、あらかじめ、都道府県の教育委員会に届け出なければならない。
第五条　学校の設置者は、その設置する学校を管理し、法令に特別の定のある場合を除いては、その学校の経費を負担する。
第六条　学校においては、授業料を徴収することができる。ただし、国立又は公立の小学校及び中学校、義務教育学校、中等教育学校の前期課程又は特別支援学校の小学部及び中学部における義務教育については、これを徴収することができない。
第七条　学校には、校長及び相当数の教員を置かなければならない。
第八条　校長及び教員（教育職員免許法（昭和二十四年法律第百四十七号）の適用を受ける者を除く。）の資格に関する事項は、別に法律で定めるもののほか、文部科学大臣がこれを定める。
第九条　次の各号のいずれかに該当する者は、校長又は教員となることができない。
　一　成年被後見人又は被保佐人

二　禁錮以上の刑に処せられた者
　三　教育職員免許法第十条第一項第二号又は第三号に該当することにより免許状がその効力を失い、当該失効の日から三年を経過しない者
　四　教育職員免許法第十一条第一項から第三項までの規定により免許状取上げの処分を受け、三年を経過しない者
　五　日本国憲法施行の日以後において、日本国憲法又はその下に成立した政府を暴力で破壊することを主張する政党その他の団体を結成し、又はこれに加入した者
第十条　私立学校は、校長を定め、大学及び高等専門学校にあつては文部科学大臣に、大学及び高等専門学校以外の学校にあつては都道府県知事に届け出なければならない。
第十一条　校長及び教員は、教育上必要があると認めるときは、文部科学大臣の定めるところにより、児童、生徒及び学生に懲戒を加えることができる。ただし、体罰を加えることはできない。
第十二条　学校においては、別に法律で定めるところにより、幼児、児童、生徒及び学生並びに職員の健康の保持増進を図るため、健康診断を行い、その他その保健に必要な措置を講じなければならない。
第十三条　第四条第一項各号に掲げる学校が次の各号のいずれかに該当する場合においては、それぞれ同項各号に定める者は、当該学校の閉鎖を命ずることができる。
　一　法令の規定に故意に違反したとき
　二　法令の規定によりその者がした命令に違反したとき
　三　六箇月以上授業を行わなかつたとき
②　前項の規定は、市町村の設置する幼稚園に準用する。この場合において、同項中「それぞれ同項各号に定める者」とあり、及び同項第二号中「その者」とあるのは、「都道府県の教育委員会」と読み替えるものとする。
第十四条　大学及び高等専門学校以外の市町村の設置する学校については都道府県の教育委員会、大学及び高等専門学校以外の私立学校については都道府県知事は、当該学校が、設備、授業その他の事項について、法令の規定又は都道府県の教育委員会若しくは都道府県知事の定める規程に違反したときは、その変更を命ずることができる。
第十五条　文部科学大臣は、公立又は私立の大学及び高等専門学校が、設備、授業その他の事項について、法令の規定に違反していると認めるときは、当該学校に対し、必要な措置をとるべきことを勧告することができる。
②　文部科学大臣は、前項の規定による勧告によつてもなお当該勧告に係る事項（次

項において「勧告事項」という。）が改善されない場合には、当該学校に対し、その変更を命ずることができる。
③　文部科学大臣は、前項の規定による命令によつてもなお勧告事項が改善されない場合には、当該学校に対し、当該勧告事項に係る組織の廃止を命ずることができる。
④　文部科学大臣は、第一項の規定による勧告又は第二項若しくは前項の規定による命令を行うために必要があると認めるときは、当該学校に対し、報告又は資料の提出を求めることができる。

第二章　義務教育

第十六条　保護者（子に対して親権を行う者（親権を行う者のないときは、未成年後見人）をいう。以下同じ。）は、次条に定めるところにより、子に九年の普通教育を受けさせる義務を負う。
第十七条　保護者は、子の満六歳に達した日の翌日以後における最初の学年の初めから、満十二歳に達した日の属する学年の終わりまで、これを小学校、義務教育学校の前期課程又は特別支援学校の小学部に就学させる義務を負う。ただし、子が、満十二歳に達した日の属する学年の終わりまでに小学校の課程、義務教育学校の前期課程又は特別支援学校の小学部の課程を修了しないときは、満十五歳に達した日の属する学年の終わり（それまでの間においてこれらの課程を修了したときは、その修了した日の属する学年の終わり）までとする。
②　保護者は、子が小学校の課程、義務教育学校の前期課程又は特別支援学校の小学部の課程を修了した日の翌日以後における最初の学年の初めから、満十五歳に達した日の属する学年の終わりまで、これを中学校、義務教育学校の後期課程、中等教育学校の前期課程又は特別支援学校の中学部に就学させる義務を負う。
③　前二項の義務の履行の督促その他これらの義務の履行に関し必要な事項は、政令で定める。
第十八条　前条第一項又は第二項の規定によつて、保護者が就学させなければならない子（以下それぞれ「学齢児童」又は「学齢生徒」という。）で、病弱、発育不完全その他やむを得ない事由のため、就学困難と認められる者の保護者に対しては、市町村の教育委員会は、文部科学大臣の定めるところにより、同条第一項又は第二項の義務を猶予又は免除することができる。
第十九条　経済的理由によつて、就学困難と認められる学齢児童又は学齢生徒の保護者に対しては、市町村は、必要な援助を与えなければならない。

第二十条　学齢児童又は学齢生徒を使用する者は、その使用によつて、当該学齢児童又は学齢生徒が、義務教育を受けることを妨げてはならない。

第二十一条　義務教育として行われる普通教育は、教育基本法（平成十八年法律第百二十号）第五条第二項に規定する目的を実現するため、次に掲げる目標を達成するよう行われるものとする。

一　学校内外における社会的活動を促進し、自主、自律及び協同の精神、規範意識、公正な判断力並びに公共の精神に基づき主体的に社会の形成に参画し、その発展に寄与する態度を養うこと。

二　学校内外における自然体験活動を促進し、生命及び自然を尊重する精神並びに環境の保全に寄与する態度を養うこと。

三　我が国と郷土の現状と歴史について、正しい理解に導き、伝統と文化を尊重し、それらをはぐくんできた我が国と郷土を愛する態度を養うとともに、進んで外国の文化の理解を通じて、他国を尊重し、国際社会の平和と発展に寄与する態度を養うこと。

四　家族と家庭の役割、生活に必要な衣、食、住、情報、産業その他の事項について基礎的な理解と技能を養うこと。

五　読書に親しませ、生活に必要な国語を正しく理解し、使用する基礎的な能力を養うこと。

六　生活に必要な数量的な関係を正しく理解し、処理する基礎的な能力を養うこと。

七　生活にかかわる自然現象について、観察及び実験を通じて、科学的に理解し、処理する基礎的な能力を養うこと。

八　健康、安全で幸福な生活のために必要な習慣を養うとともに、運動を通じて体力を養い、心身の調和的発達を図ること。

九　生活を明るく豊かにする音楽、美術、文芸その他の芸術について基礎的な理解と技能を養うこと。

十　職業についての基礎的な知識と技能、勤労を重んずる態度及び個性に応じて将来の進路を選択する能力を養うこと。

　　第三章　幼稚園（省略）

　　第四章　小学校

第二十九条　小学校は、心身の発達に応じて、義務教育として行われる普通教育のう

ち基礎的なものを施すことを目的とする。
第三十条　小学校における教育は、前条に規定する目的を実現するために必要な程度において第二十一条各号に掲げる目標を達成するよう行われるものとする。
②　前項の場合においては、生涯にわたり学習する基盤が培われるよう、基礎的な知識及び技能を習得させるとともに、これらを活用して課題を解決するために必要な思考力、判断力、表現力その他の能力をはぐくみ、主体的に学習に取り組む態度を養うことに、特に意を用いなければならない。
第三十一条　小学校においては、前条第一項の規定による目標の達成に資するよう、教育指導を行うに当たり、児童の体験的な学習活動、特にボランティア活動など社会奉仕体験活動、自然体験活動その他の体験活動の充実に努めるものとする。この場合において、社会教育関係団体その他の関係団体及び関係機関との連携に十分配慮しなければならない。
第三十二条　小学校の修業年限は、六年とする。
第三十三条　小学校の教育課程に関する事項は、第二十九条及び第三十条の規定に従い、文部科学大臣が定める。
第三十四条　小学校においては、文部科学大臣の検定を経た教科用図書又は文部科学省が著作の名義を有する教科用図書を使用しなければならない。
②　前項に規定する教科用図書（以下この条において「教科用図書」という。）の内容を文部科学大臣の定めるところにより記録した電磁的記録（電子的方式、磁気的方式その他人の知覚によつては認識することができない方式で作られる記録であつて、電子計算機による情報処理の用に供されるものをいう。）である教材がある場合には、同項の規定にかかわらず、文部科学大臣の定めるところにより、児童の教育の充実を図るため必要があると認められる教育課程の一部において、教科用図書に代えて当該教材を使用することができる。
③　前項に規定する場合において、視覚障害、発達障害その他の文部科学大臣の定める事由により教科用図書を使用して学習することが困難な児童に対し、教科用図書に用いられた文字、図形等の拡大又は音声への変換その他の同項に規定する教材を電子計算機において用いることにより可能となる方法で指導することにより当該児童の学習上の困難の程度を低減させる必要があると認められるときは、文部科学大臣の定めるところにより、教育課程の全部又は一部において、教科用図書に代えて当該教材を使用することができる。
④　教科用図書及び第二項に規定する教材以外の教材で、有益適切なものは、これを使用することができる。

⑤　第一項の検定の申請に係る教科用図書に関し調査審議させるための審議会等（国家行政組織法（昭和二十三年法律第百二十号）第八条に規定する機関をいう。以下同じ。）については、政令で定める。

第三十五条　市町村の教育委員会は、次に掲げる行為の一又は二以上を繰り返し行う等性行不良であつて他の児童の教育に妨げがあると認める児童があるときは、その保護者に対して、児童の出席停止を命ずることができる。
　一　他の児童に傷害、心身の苦痛又は財産上の損失を与える行為
　二　職員に傷害又は心身の苦痛を与える行為
　三　施設又は設備を損壊する行為
　四　授業その他の教育活動の実施を妨げる行為
②　市町村の教育委員会は、前項の規定により出席停止を命ずる場合には、あらかじめ保護者の意見を聴取するとともに、理由及び期間を記載した文書を交付しなければならない。
③　前項に規定するもののほか、出席停止の命令の手続に関し必要な事項は、教育委員会規則で定めるものとする。
④　市町村の教育委員会は、出席停止の命令に係る児童の出席停止の期間における学習に対する支援その他の教育上必要な措置を講ずるものとする。

第三十六条　学齢に達しない子は、小学校に入学させることができない。

第三十七条　小学校には、校長、教頭、教諭、養護教諭及び事務職員を置かなければならない。
②　小学校には、前項に規定するもののほか、副校長、主幹教諭、指導教諭、栄養教諭その他必要な職員を置くことができる。
③　第一項の規定にかかわらず、副校長を置くときその他特別の事情のあるときは教頭を、養護をつかさどる主幹教諭を置くときは養護教諭を、特別の事情のあるときは事務職員を、それぞれ置かないことができる。
④　校長は、校務をつかさどり、所属職員を監督する。
⑤　副校長は、校長を助け、命を受けて校務をつかさどる。
⑥　副校長は、校長に事故があるときはその職務を代理し、校長が欠けたときはその職務を行う。この場合において、副校長が二人以上あるときは、あらかじめ校長が定めた順序で、その職務を代理し、又は行う。
⑦　教頭は、校長（副校長を置く小学校にあつては、校長及び副校長）を助け、校務を整理し、及び必要に応じ児童の教育をつかさどる。
⑧　教頭は、校長（副校長を置く小学校にあつては、校長及び副校長）に事故がある

ときは校長の職務を代理し、校長（副校長を置く小学校にあつては、校長及び副校長）が欠けたときは校長の職務を行う。この場合において、教頭が二人以上あるときは、あらかじめ校長が定めた順序で、校長の職務を代理し、又は行う。
⑨　主幹教諭は、校長（副校長を置く小学校にあつては、校長及び副校長）及び教頭を助け、命を受けて校務の一部を整理し、並びに児童の教育をつかさどる。
⑩　指導教諭は、児童の教育をつかさどり、並びに教諭その他の職員に対して、教育指導の改善及び充実のために必要な指導及び助言を行う。
⑪　教諭は、児童の教育をつかさどる。
⑫　養護教諭は、児童の養護をつかさどる。
⑬　栄養教諭は、児童の栄養の指導及び管理をつかさどる。
⑭　事務職員は、事務をつかさどる。
⑮　助教諭は、教諭の職務を助ける。
⑯　講師は、教諭又は助教諭に準ずる職務に従事する。
⑰　養護助教諭は、養護教諭の職務を助ける。
⑱　特別の事情のあるときは、第一項の規定にかかわらず、教諭に代えて助教諭又は講師を、養護教諭に代えて養護助教諭を置くことができる。
⑲　学校の実情に照らし必要があると認めるときは、第九項の規定にかかわらず、校長（副校長を置く小学校にあつては、校長及び副校長）及び教頭を助け、命を受けて校務の一部を整理し、並びに児童の養護又は栄養の指導及び管理をつかさどる主幹教諭を置くことができる。
第三十八条　市町村は、その区域内にある学齢児童を就学させるに必要な小学校を設置しなければならない。ただし、教育上有益かつ適切であると認めるときは、義務教育学校の設置をもつてこれに代えることができる。
第三十九条　市町村は、適当と認めるときは、前条の規定による事務の全部又は一部を処理するため、市町村の組合を設けることができる。
第四十条　市町村は、前二条の規定によることを不可能又は不適当と認めるときは、小学校又は義務教育学校の設置に代え、学齢児童の全部又は一部の教育事務を、他の市町村又は前条の市町村の組合に委託することができる。
②　前項の場合においては、地方自治法第二百五十二条の十四第三項において準用する同法第二百五十二条の二の二第二項中「都道府県知事」とあるのは、「都道府県知事及び都道府県の教育委員会」と読み替えるものとする。
第四十一条　町村が、前二条の規定による負担に堪えないと都道府県の教育委員会が認めるときは、都道府県は、その町村に対して、必要な補助を与えなければならない。

第四十二条　小学校は、文部科学大臣の定めるところにより当該小学校の教育活動その他の学校運営の状況について評価を行い、その結果に基づき学校運営の改善を図るため必要な措置を講ずることにより、その教育水準の向上に努めなければならない。

第四十三条　小学校は、当該小学校に関する保護者及び地域住民その他の関係者の理解を深めるとともに、これらの者との連携及び協力の推進に資するため、当該小学校の教育活動その他の学校運営の状況に関する情報を積極的に提供するものとする。

第四十四条　私立の小学校は、都道府県知事の所管に属する。

第五章　中学校

第四十五条　中学校は、小学校における教育の基礎の上に、心身の発達に応じて、義務教育として行われる普通教育を施すことを目的とする。

第四十六条　中学校における教育は、前条に規定する目的を実現するため、第二十一条各号に掲げる目標を達成するよう行われるものとする。

第四十七条　中学校の修業年限は、三年とする。

第四十八条　中学校の教育課程に関する事項は、第四十五条及び第四十六条の規定並びに次条において読み替えて準用する第三十条第二項の規定に従い、文部科学大臣が定める。

第四十九条　第三十条第二項、第三十一条、第三十四条、第三十五条及び第三十七条から第四十四条までの規定は、中学校に準用する。この場合において、第三十条第二項中「前項」とあるのは「第四十六条」と、第三十一条中「前条第一項」とあるのは「第四十六条」と読み替えるものとする。

　　第五章の二　義務教育学校（省略）
　　第六章　高等学校（省略）
　　第七章　中等教育学校（省略）
　　第八章　特別支援教育（省略）
　　第九章　大学（省略）
　　第十章　高等専門学校（省略）
　　第十一章　専修学校（省略）
　　第十二章　雑則（省略）
　　第十三章　罰則（省略）

資　料

「小・中学校学習指導要領」（抄）（平成29年3月31日　告示）（2017）

※〈　〉内は小学校、〔　〕内は中学校のみの規定。

第1章　総則

第1　〈小学校〉〔中学校〕教育の基本と教育課程の役割
2　(2)　道徳教育や体験活動、多様な表現や鑑賞の活動を通して、豊かな心や創造性の涵養を目指した教育の充実に努めること。

　学校における道徳教育は、特別の教科である道徳（以下「道徳科」という。）を要として学校の教育活動全体を通じて行うものであり、道徳科はもとより、各教科、〈外国語活動、〉総合的な学習の時間及び特別活動のそれぞれの特質に応じて、〈児童〉〔生徒〕の発達の段階を考慮して、適切な指導を行うこと。

　道徳教育は、教育基本法及び学校教育法に定められた教育の根本精神に基づき、〈自己の生き方〉〔人間としての生き方〕を考え、主体的な判断の下に行動し、自立した人間として他者と共によりよく生きるための基盤となる道徳性を養うことを目標とすること。

　道徳教育を進めるに当たっては、人間尊重の精神と生命に対する畏敬の念を家庭、学校、その他社会における具体的な生活の中に生かし、豊かな心をもち、伝統と文化を尊重し、それらを育んできた我が国と郷土を愛し、個性豊かな文化の創造を図るとともに、平和で民主的な国家及び社会の形成者として、公共の精神を尊び、社会及び国家の発展に努め、他国を尊重し、国際社会の平和と発展や環境の保全に貢献し未来を拓く主体性のある日本人の育成に資することとなるよう特に留意すること。

第2　教育課程の編成
3　教育課程の編成における共通的事項
(1)　内容等の取扱い
カ　道徳科を要として学校の教育活動全体を通じて行う道徳教育の内容は、第3章特別の教科道徳の第2に示す内容とし、その実施に当たっては、第6に示す道徳教育に関する配慮事項を踏まえるものとする。

第6　道徳教育に関する配慮事項

道徳教育を進めるに当たっては、道徳教育の特質を踏まえ、前項までに示す事項に加え、次の事項に配慮するものとする。
1　各学校においては、第1の2の(2)に示す道徳教育の目標を踏まえ、道徳教育の全体計画を作成し、校長の方針の下に、道徳教育の推進を主に担当する教師（以下「道徳教育推進教師」という。）を中心に、全教師が協力して道徳教育を展開すること。なお、道徳教育の全体計画の作成に当たっては、〈児童〉〔生徒〕や学校、地域の実態を考慮して、学校の道徳教育の重点目標を設定するとともに、道徳科の指導方針、第3章特別の教科道徳の第2に示す内容との関連を踏まえた各教科、〈外国語活動、〉総合的な学習の時間及び特別活動における指導の内容及び時期並びに家庭や地域社会との連携の方法を示すこと。
2　各学校においては、〈児童〉〔生徒〕の発達の段階や特性等を踏まえ、指導内容の重点化を図ること。その際、〈各学年を通じて、自立心や自律性、生命を尊重する心や他者を思いやる心を育てることに留意すること〉〔小学校における道徳教育の指導内容を更に発展させ、自立心や自律性を高め、規律ある生活をすること、生命を尊重する心や自らの弱さを克服して気高く生きようとする心を育てること、法やきまりの意義に関する理解を深めること、自らの将来の生き方を考え主体的に社会の形成に参画する意欲と態度を養うこと、伝統と文化を尊重し、それらを育んできた我が国と郷土を愛するとともに、他国を尊重すること、国際社会に生きる日本人としての自覚を身に付けることに留意すること〕。〈また、各学年段階においては、次の事項に留意すること。
(1)　第1学年及び第2学年においては、挨拶などの基本的な生活習慣を身に付けること、善悪を判断し、してはならないことをしないこと、社会生活上のきまりを守ること。
(2)　第3学年及び第4学年においては、善悪を判断し、正しいと判断したことを行うこと、身近な人々と協力し助け合うこと、集団や社会のきまりを守ること。
(3)　第5学年及び第6学年においては、相手の考え方や立場を理解して支え合うこと、法やきまりの意義を理解して進んで守ること、集団生活の充実に努めること、伝統と文化を尊重し、それらを育んできた我が国と郷土を愛するとともに、他国を尊重すること。〉
3　学校や学級内の人間関係や環境を整えるとともに、〈集団宿泊活動〉〔職場体験活動〕やボランティア活動、自然体験活動、地域の行事への参加などの豊かな体験を充実すること。また、道徳教育の指導内容が、〈児童〉〔生徒〕の日常生活に生かされるようにすること。その際、いじめの防止や安全の確保等にも資することとなる

よう留意すること。
4　学校の道徳教育の全体計画や道徳教育に関する諸活動などの情報を積極的に公表したり、道徳教育の充実のために家庭や地域の人々の積極的な参加や協力を得たりするなど、家庭や地域社会との共通理解を深め、相互の連携を図ること。

第3章　特別の教科　道徳

第1　目標
　第1章総則の第1の2の(2)に示す道徳教育の目標に基づき、よりよく生きるための基盤となる道徳性を養うため、道徳的諸価値についての理解を基に、自己を見つめ、物事を〔広い視野から〕多面的・多角的に考え、〈自己〉〔人間として〕の生き方についての考えを深める学習を通して、道徳的な判断力、心情、実践的意欲と態度を育てる。

第2　内容
　学校の教育活動全体を通じて行う道徳教育の要である道徳科においては、以下に示す項目について扱う。

　　　　※内容項目については、別表を参照のこと。

第3　指導計画の作成と内容の取扱い
1　各学校においては、道徳教育の全体計画に基づき、各教科、〈外国語活動、〉総合的な学習の時間及び特別活動との関連を考慮しながら、道徳科の年間指導計画を作成するものとする。なお、作成に当たっては、第2に示す〈各学年段階の〉内容項目について、〈相当する〉各学年において全て取り上げることとする。その際、〈児童〉〔生徒〕や学校の実態に応じ、〈2〉〔3〕学年間を見通した重点的な指導や内容項目間の関連を密にした指導、一つの内容項目を複数の時間で扱う指導を取り入れるなどの工夫を行うものとする。
2　第2の内容の指導に当たっては、次の事項に配慮するものとする。
(1)　〔学級担任の教師が行うことを原則とするが、〕校長や教頭などの参加、他の教師との協力的な指導などについて工夫し、道徳教育推進教師を中心とした指導体制を充実すること。
(2)　道徳科が学校の教育活動全体を通じて行う道徳教育の要としての役割を果たすことができるよう、計画的・発展的な指導を行うこと。特に、各教科、〈外国語活

動、〉総合的な学習の時間及び特別活動における道徳教育としては取り扱う機会が十分でない内容項目に関わる指導を補うことや、〈児童〉〔生徒〕や学校の実態等を踏まえて指導をより一層深めること、内容項目の相互の関連を捉え直したり発展させたりすることに留意すること。
(3) 〈児童〉〔生徒〕が自ら道徳性を養う中で、自らを振り返って成長を実感したり、これからの課題や目標を見付けたりすることができるよう工夫すること。その際、道徳性を養うことの意義について、〈児童〉〔生徒〕自らが考え、理解し、主体的に学習に取り組むことができるようにすること。〔また、発達の段階を考慮し、人間としての弱さを認めながら、それを乗り越えてよりよく生きようとすることのよさについて、教師が生徒と共に考える姿勢を大切にすること。〕
(4) 〈児童〉〔生徒〕が多様な感じ方や考え方に接する中で、考えを深め、判断し、表現する力などを育むことができるよう、自分の考えを基に〈話し合ったり〉〔討論したり〕書いたりするなどの言語活動を充実すること。〔その際、様々な価値観について多面的・多角的な視点から振り返って考える機会を設けるとともに、生徒が多様な見方や考え方に接しながら、更に新しい見方や考え方を生み出していくことができるよう留意すること。〕
(5) 〈児童〉〔生徒〕の発達の段階や特性等を考慮し、指導のねらいに即して、問題解決的な学習、道徳的行為に関する体験的な学習等を適切に取り入れるなど、指導方法を工夫すること。その際、それらの活動を通じて学んだ内容の意義などについて考えることができるようにすること。また、特別活動等における多様な実践活動や体験活動も道徳科の授業に生かすようにすること。
(6) 〈児童〉〔生徒〕の発達の段階や特性等を考慮し、第2に示す内容との関連を踏まえつつ、情報モラルに関する指導を充実すること。また、〈児童の発達の段階や特性等を考慮し、〉例えば、〔科学技術の発展と生命倫理との関係や〕社会の持続可能な発展などの現代的な課題の取扱いにも留意し、身近な社会的課題を自分との関係において考え、〈それらの〉〔その〕解決に〈寄与しようとする〉〔向けて取り組もうとする〕意欲や態度を育てるよう努めること。なお、多様な見方や考え方のできる事柄について、特定の見方や考え方に偏った指導を行うことのないようにすること。
(7) 道徳科の授業を公開したり、授業の実施や地域教材の開発や活用などに家庭や地域の人々、各分野の専門家等の積極的な参加や協力を得たりするなど、家庭や地域社会との共通理解を深め、相互の連携を図ること。
3 教材については、次の事項に留意するものとする。

(1) 〈児童〉〔生徒〕の発達の段階や特性、地域の実情等を考慮し、多様な教材の活用に努めること。特に、生命の尊厳、〔社会参画、〕自然、伝統と文化、先人の伝記、スポーツ、情報化への対応等の現代的な課題などを題材とし、〈児童〉〔生徒〕が問題意識をもって多面的・多角的に考えたり、感動を覚えたりするような充実した教材の開発や活用を行うこと。
(2) 教材については、教育基本法や学校教育法その他の法令に従い、次の観点に照らし適切と判断されるものであること。
ア 〈児童〉〔生徒〕の発達の段階に即し、ねらいを達成するのにふさわしいものであること。
イ 人間尊重の精神にかなうものであって、悩みや葛藤等の心の揺れ、人間関係の理解等の課題も含め、〈児童〉〔生徒〕が深く考えることができ、人間としてよりよく生きる喜びや勇気を与えられるものであること。
ウ 多様な見方や考え方のできる事柄を取り扱う場合には、特定の見方や考え方に偏った取扱いがなされていないものであること。
4 〈児童〉〔生徒〕の学習状況や道徳性に係る成長の様子を継続的に把握し、指導に生かすよう努める必要がある。ただし、数値などによる評価は行わないものとする。

【別表】内容項目

第3章　特別の教科　道徳の第2に示す内容の学年段階・学校段階の一覧

キーワード	小学校第1学年及び第2学年（19）	小学校第3学年及び第4学年（20）
A　主として自分自身に関すること		
善悪の判断，自律，自由と責任	（1）よいことと悪いこととの区別をし，よいと思うことを進んで行うこと。	（1）正しいと判断したことは，自信をもって行うこと。
正直，誠実	（2）うそをついたりごまかしをしたりしないで，素直に伸び伸びと生活すること。	（2）過ちは素直に改め，正直に明るい心で生活すること。
節度，節制	（3）健康や安全に気を付け，物や金銭を大切にし，身の回りを整え，わがままをしないで，規則正しい生活をすること。	（3）自分でできることは自分でやり，安全に気を付け，よく考えて行動し，節度のある生活をすること。
個性の伸長	（4）自分の特徴に気付くこと。	（4）自分の特徴に気付き，長所を伸ばすこと。
希望と勇気，努力と強い意志	（5）自分のやるべき勉強や仕事をしっかりと行うこと。	（5）自分でやろうと決めた目標に向かって，強い意志をもち，粘り強くやり抜くこと。
真理の探究		
B　主として人との関わりに関すること		
親切，思いやり	（6）身近にいる人に温かい心で接し，親切にすること。	（6）相手のことを思いやり，進んで親切にすること。
感謝	（7）家族など日頃世話になっている人々に感謝すること。	（7）家族など生活を支えてくれている人々や現在の生活を築いてくれた高齢者に，尊敬と感謝の気持ちをもって接すること。
礼儀	（8）気持ちのよい挨拶，言葉遣い，動作などに心掛けて，明るく接すること。	（8）礼儀の大切さを知り，誰に対しても真心をもって接すること。
友情，信頼	（9）友達と仲よくし，助け合うこと。	（9）友達と互いに理解し，信頼し，助け合うこと。
相互理解，寛容		（10）自分の考えや意見を相手に伝えるとともに，相手のことを理解し，自分と異なる意見も大切にすること。

資　　料

小学校第5学年及び第6学年（22）	中学校（22）	キーワード
A　主として自分自身に関すること		
（1）自由を大切にし，自律的に判断し，責任のある行動をすること。	（1）自律の精神を重んじ，自主的に考え，判断し，誠実に実行してその結果に責任をもつこと。	自主，自律，自由と責任
（2）誠実に，明るい心で生活すること。		
（3）安全に気を付けることや，生活習慣の大切さについて理解し，自分の生活を見直し，節度を守り節制に心掛けること。	（2）望ましい生活習慣を身に付け，心身の健康の増進を図り，節度を守り節制に心掛け，安全で調和のある生活をすること。	節度，節制
（4）自分の特徴を知って，短所を改め長所を伸ばすこと。	（3）自己を見つめ，自己の向上を図るとともに，個性を伸ばして充実した生き方を追求すること。	向上心，個性の伸長
（5）より高い目標を立て，希望と勇気をもち，困難があってもくじけずに努力して物事をやり抜くこと。	（4）より高い目標を設定し，その達成を目指し，希望と勇気をもち，困難や失敗を乗り越えて着実にやり遂げること。	希望と勇気，克己と強い意志
（6）真理を大切にし，物事を探究しようとする心をもつこと。	（5）真実を大切にし，真理を探究して新しいものを生み出そうと努めること。	真理の探究，創造
B　主として人との関わりに関すること		
（7）誰に対しても思いやりの心をもち，相手の立場に立って親切にすること。	（6）思いやりの心をもって人と接するとともに，家族などの支えや多くの人々の善意により日々の生活や現在の自分があることに感謝し，進んでそれに応え，人間愛の精神を深めること。	思いやり，感謝
（8）日々の生活が家族や過去からの多くの人々の支え合いや助け合いで成り立っていることに感謝し，それに応えること。		
（9）時と場をわきまえて，礼儀正しく真心をもって接すること。	（7）礼儀の意義を理解し，時と場に応じた適切な言動をとること。	礼儀
（10）友達と互いに信頼し，学び合って友情を深め，異性についても理解しながら，人間関係を築いていくこと。	（8）友情の尊さを理解して心から信頼できる友達をもち，互いに励まし合い，高め合うとともに，異性についての理解を深め，悩みや葛藤も経験しながら人間関係を深めていくこと。	友情，信頼
（11）自分の考えや意見を相手に伝えるとともに，謙虚な心をもち，広い心で自分と異なる意見や立場を尊重すること。	（9）自分の考えや意見を相手に伝えるとともに，それぞれの個性や立場を尊重し，いろいろなものの見方や考え方があることを理解し，寛容の心をもって謙虚に他に学び，自らを高めていくこと。	相互理解，寛容

【別表】内容項目つづき

C 主として集団や社会との関わりに関すること		
規則の尊重	(10) 約束やきまりを守り，みんなが使う物を大切にすること。	(11) 約束や社会のきまりの意義を理解し，それらを守ること。
公正，公平，社会正義	(11) 自分の好き嫌いにとらわれないで接すること。	(12) 誰に対しても分け隔てをせず，公正，公平な態度で接すること。
勤労，公共の精神	(12) 働くことのよさを知り，みんなのために働くこと。	(13) 働くことの大切さを知り，進んでみんなのために働くこと。
家族愛，家庭生活の充実	(13) 父母，祖父母を敬愛し，進んで家の手伝いなどをして，家族の役に立つこと。	(14) 父母，祖父母を敬愛し，家族みんなで協力し合って楽しい家庭をつくること。
よりよい学校生活，集団生活の充実	(14) 先生を敬愛し，学校の人々に親しんで，学級や学校の生活を楽しくすること。	(15) 先生や学校の人々を敬愛し，みんなで協力し合って楽しい学級や学校をつくること。
伝統と文化の尊重，国や郷土を愛する態度	(15) 我が国や郷土の文化と生活に親しみ，愛着をもつこと。	(16) 我が国や郷土の伝統と文化を大切にし，国や郷土を愛する心をもつこと。
国際理解，国際親善	(16) 他国の人々や文化に親しむこと。	(17) 他国の人々や文化に親しみ，関心をもつこと。
D 主として生命や自然，崇高なものとの関わりに関すること		
生命の尊さ	(17) 生きることのすばらしさを知り，生命を大切にすること。	(18) 生命の尊さを知り，生命あるものを大切にすること。
自然愛護	(18) 身近な自然に親しみ，動植物に優しい心で接すること。	(19) 自然のすばらしさや不思議さを感じ取り，自然や動植物を大切にすること。
感動，畏敬の念	(19) 美しいものに触れ，すがすがしい心をもつこと。	(20) 美しいものや気高いものに感動する心をもつこと。
よりよく生きる喜び		

C 主として集団や社会との関わりに関すること		
(12) 法やきまりの意義を理解した上で進んでそれらを守り、自他の権利を大切にし、義務を果たすこと。	(10) 法やきまりの意義を理解し、それらを進んで守るとともに、そのよりよい在り方について考え、自他の権利を大切にし、義務を果たして、規律ある安定した社会の実現に努めること。	遵法精神、公徳心
(13) 誰に対しても差別をすることや偏見をもつことなく、公正、公平な態度で接し、正義の実現に努めること。	(11) 正義と公正さを重んじ、誰に対しても公平に接し、差別や偏見のない社会の実現に努めること。	公正、公平、社会正義
(14) 働くことや社会に奉仕することの充実感を味わうとともに、その意義を理解し、公共のために役に立つことをすること。	(12) 社会参画の意識と社会連帯の自覚を高め、公共の精神をもってよりよい社会の実現に努めること。	社会参画、公共の精神
	(13) 勤労の尊さや意義を理解し、将来の生き方について考えを深め、勤労を通じて社会に貢献すること。	勤労
(15) 父母、祖父母を敬愛し、家族の幸せを求めて、進んで役に立つことをすること。	(14) 父母、祖父母を敬愛し、家族の一員としての自覚をもって充実した家庭生活を築くこと。	家族愛、家庭生活の充実
(16) 先生や学校の人々を敬愛し、みんなで協力し合ってよりよい学級や学校をつくるとともに、様々な集団の中での自分の役割を自覚して集団生活の充実に努めること。	(15) 教師や学校の人々を敬愛し、学級や学校の一員としての自覚をもち、協力し合ってよりよい校風をつくるとともに、様々な集団の意義や集団の中での自分の役割と責任を自覚して集団生活の充実に努めること。	よりよい学校生活、集団生活の充実
(17) 我が国や郷土の伝統と文化を大切にし、先人の努力を知り、国や郷土を愛する心をもつこと。	(16) 郷土の伝統と文化を大切にし、社会に尽くした先人や高齢者に尊敬の念を深め、地域社会の一員としての自覚をもって郷土を愛し、進んで郷土の発展に努めること。	郷土の伝統と文化の尊重、郷土を愛する態度
	(17) 優れた伝統の継承と新しい文化の創造に貢献するとともに、日本人としての自覚をもって国を愛し、国家及び社会の形成者として、その発展に努めること。	我が国の伝統と文化の尊重、国を愛する態度
(18) 他国の人々や文化について理解し、日本人としての自覚をもって国際親善に努めること。	(18) 世界の中の日本人としての自覚をもち、他国を尊重し、国際的視野に立って、世界の平和と人類の発展に寄与すること。	国際理解、国際貢献
D 主として生命や自然、崇高なものとの関わりに関すること		
(19) 生命が多くの生命のつながりの中にあるかけがえのないものであることを理解し、生命を尊重すること。	(19) 生命の尊さについて、その連続性や有限性なども含めて理解し、かけがえのない生命を尊重すること。	生命の尊さ
(20) 自然の偉大さを知り、自然環境を大切にすること。	(20) 自然の崇高さを知り、自然環境を大切にすることの意義を理解し、進んで自然の愛護に努めること。	自然愛護
(21) 美しいものや気高いものに感動する心や人間の力を超えたものに対する畏敬の念をもつこと。	(21) 美しいものや気高いものに感動する心をもち、人間の力を超えたものに対する畏敬の念を深めること。	感動、畏敬の念
(22) よりよく生きようとする人間の強さや気高さを理解し、人間として生きる喜びを感じること。	(22) 人間には自らの弱さや醜さを克服する強さや気高く生きようとする心があることを理解し、人間として生きることに喜びを見いだすこと。	よりよく生きる喜び

索　引

人　名

ア行
天野貞祐　26, 28
アラン（Allan, G.）　82
アリストテレス（Aristotélēs）　87
アレント（Arendt, H.）　144
伊藤仁斎　15
伊藤博文　21
井上毅　22, 23
荻生徂徠　15

カ行
貝原益軒　15
河合隼雄　12, 38
カント（Kant, I.）　41, 42
ギブソン（Gibson, J.J.）　48
ギリガン（Gilligan, C.）　47, 48
楠木正行　24
熊沢蕃山　15
ゲーレン（Gehlen, A）　100
コールバーグ（Kohlberg, L.）　28, 37, 43, 45, 47-49

サ行
佐伯胖　39
親鸞　13-15
スピノザ（Spinoza, B.d.）　135, 144

タ行
デカルト（Descartes, R.）　143
デューイ（Dewey, J.）　143
道元　13-15
トマセロ（Tomasello, M.）　49

ナ行
中江藤樹　15
中村正直　22
日蓮　13-15

ハ行
ハーバーマス（Habermas, J.）　139, 140
林羅山　15
ピアジェ（Piaget, J.）　42-46, 48, 49
ブル（Bull, N.）　46, 48
ブルデュー（Bourdieu, P.）　130
ヘーゲル（Hegel, G.W.F.）　143
法然　13

マ行
源了圓　11, 15, 17
元田永孚　21-23
森有礼　22, 23

ヤ行
山鹿素行　16

索　引

ラ行

ラス（Rath, L.E.）　28
リップマン（Lipman, M.）　136-138, 141, 143
レイヴ & ウェンガー（Lave, J. & Wenger, E.）　48
ロールズ（Rawls, J.B.）　45, 139, 140

ワ行

和辻哲郎　12, 13

事　項

ア行

愛国心　18, 21, 22, 26
アクティブ・ラーニング　54, 59, 175
アフォーダンス理論　48
アメリカ（米国）　28, 30, 33, 36-38, 139
　――教育使節団　25, 26
EU（ヨーロッパ連合）　33, 35
家（いえ）　11, 12
イギリス（イングランド）　30-32, 82, 139
いじめ（いじめ問題）　53, 54, 63, 84, 90, 98, 108-114, 116, 117, 157
「いじめの問題等への対応について」　53, 109
オープン・エンド　141, 153

カ行

外国語活動　56, 148, 149
改正教育令　21
学事奨励に関する被仰出書　20
学習指導　72-74, 86, 92-94, 131, 154
　――案　57, 152, 153, 159-161, 170, 171, 177, 178
　――過程　152, 161, 162, 173, 174, 177, 178
学制　16, 20-22, 24
型　17, 18
課題対応能力　128, 133
価値の明確化　28, 37
学級担任　54, 64, 151

学校教育法　27, 53-57, 59, 88, 97, 120, 128, 148-150
学校の教育活動全体　26, 27, 56, 109, 129, 148-150, 159, 166
学校令　22
カトリック　33
要（かなめ）　27, 54, 56, 64, 129, 133, 149, 150, 166
考え、議論する道徳　53, 54, 58, 60, 61, 73, 75, 83, 84, 95, 117, 135, 136, 138, 140, 142-144, 155, 163, 164, 170, 178
基礎的・汎用的能力　128, 133
期待される人間像　101
基本型　27, 94
キャリア教育　127-131, 133
教育
　――課程　26-28, 53-55, 58, 77, 84, 113, 121, 123, 127, 131, 148, 149
　――基本法　10, 35, 56, 68, 88, 89, 97-99, 101, 102, 123, 127, 128, 149
　――再生会議　110
　――再生実行会議　28, 53, 109, 112
　――勅語（教育ニ関スル勅語）　22-24, 26
　――令　21
教科
　――化　10, 18, 20, 28, 53, 54, 61, 109, 117, 118, 135, 151, 155

207

──書（教科用図書）　16, 20-24, 29, 32, 54, 55, 118, 151, 154, 157
教学聖旨　21
教材　24, 32, 55, 73, 79, 80, 82, 83, 110, 111, 114, 118, 119, 150-152, 154-156, 159-163, 170, 171, 173, 174, 176
　　──観／資料観　152, 154, 161, 170, 171
共同体　15, 16, 86-95, 129, 130, 136, 139, 140
　　──的な動物　87, 88, 130
教養　16-18, 123
キリスト教　20, 30, 31, 33, 34, 38
勤労観・職業観　90, 127, 130, 131
ケア　32, 47, 137
　　──的思考　136, 137, 140
顕在的／明示的カリキュラム　33, 37
現代的課題　63, 108-133
検定教科書　23, 29, 55
公共　181
公民（公民科）　26, 36, 144, 181
　　──教育　25, 26, 30, 33-39
功利主義　139
国学　16
国体　23, 25
国定教科書　23, 24
国民学校令　25
国民道徳　21
『心（こころ）のノート』　28, 111, 151
『古事記』　13

サ行

自我関与　64, 73, 155
自己理解・自己管理能力　128, 133
資質・能力の三つの柱　58-61
思春期　106
持続可能な開発のための教育（ESD）　105
シティズンシップ教育　31, 32, 137, 138

指導観　53, 61, 152, 154, 170, 172, 173, 181
指導計画　151
児童生徒観　109, 154
児童生徒の問題行動・不登校等生徒指導上の諸課題に関する調査　108
指導と評価の一体化　65
指導要録　65, 169
師範学校　24
市民教育　30, 33
社会
　　──科　26, 36
　　──的・職業的自立　128-131, 133
　　──に開かれた教育課程　77, 84
宗教　18, 31, 33, 34, 36, 38, 39, 98, 99, 101, 150
　　──科　32, 33
　　──教育　18, 30-34, 36, 38, 39, 98, 99, 101, 107
　　──的信仰　101
　　──的中立性　101, 105
修身（修身科）　18, 20-27
集団　22, 31, 45, 46, 62, 67, 84, 86-91, 93, 94, 112, 132, 138, 141, 171-174
終末　141, 153, 155, 156, 161, 162, 164, 165, 172, 175, 177, 178
修練（修養）　11, 17, 18
儒教　11, 13, 15-17, 20-23
朱子学　15
主題（主題名）　33, 62, 69, 77, 79, 82, 141, 154, 159, 160, 170, 171, 173
　　──設定の理由　154, 159, 160, 170
主体的・対話的で深い学び　54, 58-60, 64, 130, 131, 159, 163, 175
小1プロブレム　126
情報モラル　63, 112, 114-119, 157
　　──教育　114-119
初期青年期　106

208

索　引

自立　12, 47, 56, 57, 66-71, 88-90, 95, 107, 121, 124, 127-131, 133
自律　41-43, 46, 47, 52, 62, 69, 90, 106, 127, 153
私立学校　24, 55, 150
人格の完成　56, 89, 98, 102
進化心理学　48, 49
人権教育　35, 170, 172
神道　13, 18
スタートカリキュラム　126, 127
正義　44, 45, 47, 48, 63, 84, 90, 92, 109, 111-113, 138-140
生徒指導提要　114
生命　15, 27, 62, 67, 97-101, 103, 104, 107, 110-112, 121
1988年教育改革法（イギリス）　30
1989年教育基本法（＝ジョスパン法）（フランス）　35
1944年教育法（イギリス）　30
潜在的／隠れたカリキュラム　33, 37
総合的な学習の時間（総合学習）　32, 56, 148, 150
創造的思考　136, 137, 140

タ行

体験的な学習　64, 73, 127, 156
多文化主義　36, 39
他律　41-43, 46, 47
中央教育審議会（中教審）　53
　　──答申　28, 54, 55, 61, 101, 113, 115, 127, 128, 130, 150
てつがく科　140, 141
哲学対話　136, 142, 144
展開　153, 154, 161-164, 166, 170, 172-175, 177
天皇　21, 23-25
ドイツ　30, 32, 33, 100, 139
道徳

　　──的諸価値　57, 58, 61-63, 66, 136, 155, 164, 170
　　──の時間　26-29, 53-55, 98, 103, 110, 117, 125, 167, 168
　　──の授業　27, 85, 135, 136, 140-144, 150, 155, 157
道徳科
　　──の内容　61, 100
　　──の年間指導計画　56, 133, 150, 159
　　──の目標　55-57, 60, 61, 66
道徳教育
　　──アーカイブ　152, 159, 162, 164, 165, 167, 168, 170, 172, 175, 176, 178
　　──推進教師　27, 64, 151, 152, 181
　　──の充実に関する懇談会　53, 54, 112
　　──の全体計画　56, 133, 150, 159
　　──の内容　21, 39, 131
　　──の目標　29, 55-57, 88, 97, 107, 113, 129, 130, 133
道徳性　21, 27, 37, 38, 41-43, 46-49, 54, 56-58, 61, 65, 66, 69, 88, 89, 98, 107, 110, 113, 114, 122, 124, 129-131, 133, 136, 157, 178
　　──の諸様相　57
　　──の芽生え　119, 121, 122, 124
導入　153, 154, 161, 162, 172-174
特別活動　56, 109, 113, 116, 129, 133, 148, 149, 156, 166, 167
特別の教科　10, 18, 28, 29, 53-57, 64, 65, 68, 69, 72, 73, 86, 97, 99-103, 106, 117, 135, 138, 144, 148-150, 155, 156, 160
「特別の教科　道徳」の指導方法・評価等について　64, 150, 155, 156
徳目　14, 23, 75, 85
　　──主義　24, 68

ナ行

内容項目　27, 52, 57, 61-63, 149, 152-154, 156, 160
『日本書紀』　13
日本人　10-13, 16, 76, 78, 89, 92
人間関係　12, 38, 49, 78, 98, 123, 124
　　──形成・社会形成能力　128, 133
ネットいじめ　114, 117
ねらい　27, 57, 69, 71, 73, 89, 95, 118, 123, 131, 154, 159-161, 163, 165, 166, 168, 170, 171, 173
脳科学　48, 49

ハ行

場（ば）　12, 18
ハインツのジレンマ　45
発達段階説　41-44, 46-49
発問　73, 75, 76, 79, 83, 154-156, 162, 163, 173, 174
パフォーマンス評価　177, 178
板書　73, 155, 165, 166, 173, 174
PSHE 教育　31, 32
P4C（Philosophy for Children：子どものための哲学）　37, 136
批判的思考　136, 137, 140
評価　54, 55, 64, 65, 75, 84, 95, 113, 137, 150, 151, 154-157, 168-170, 174, 175, 177, 178
父性原理　12
仏教　11, 13, 14, 16, 18
不登校　111, 157
フランス　30, 34-36, 39, 130
プロテスタント　33, 34
保育所　120, 124-126
　　──保育指針　66, 120, 121
保育の目標　121
保護者　151, 166, 168

母性原理　12, 13, 18
ポツダム宣言　25
ポートフォリオ　73, 178
保幼小連携　120, 125

マ行

満州事変　24
見方・考え方　58-61
『孟子』　15, 16
モラルジレンマ　28
問題解決的な学習　64, 117, 155, 173, 174
文部科学省（文部省）　22, 23, 25-28, 29, 77, 78, 80, 84, 102, 108, 111, 114-116, 118-120, 124, 152, 159, 160, 170

ヤ行

役割
　　──演技　73, 156, 175, 177
　　──取得　44, 45, 76
ユネスコ憲章　98
幼小連携　119, 120, 124-126
幼稚園　81, 120, 123-126, 128, 150
　　──教育要領　120-123
幼保連携型認定こども園（認定こども園）　120, 126
　　──教育・保育要領　120, 121
4つの視点　27, 52, 62, 67, 86, 93, 153, 178
読み物　77, 78, 81, 117, 141
　　──教材　64, 73, 155, 160, 161, 163, 168, 171, 173
　　──資料　27, 28, 151
　　──道徳　53, 58, 73

ラ行

ライシテ（laïcité）　34
利他性　76, 77

ルーブリック（評価基準）　177
労働科　33
『論語』　15, 16

ワ行

ワークシート　154, 155, 165, 166, 171-178
『私（わたし）たちの道徳』　28, 77, 78, 111, 151, 160, 162, 165-167, 169

内容項目

小学校

A　主として自分自身に関すること
　［善悪の判断、自律、自由と責任］　69
　［正直、誠実］　70
　［節度、節制］　70
　［個性の伸長］　63, 70, 71, 159, 160, 165-167, 169
　［希望と勇気、努力と強い意志］　71
　［真理の探究］　71, 72

B　主として人との関わりに関すること
　［親切、思いやり］　75-77
　［感謝］　77-79
　［礼儀］　79-81
　［友情、信頼］　81-84
　［相互理解、寛容］　63, 84, 85

C　主として集団や社会との関わりに関すること
　［規則の尊重］　89, 90
　［公正、公平、社会正義］　90, 138
　［勤労、公共の精神］　90
　［家族愛、家庭生活の充実］　79, 91
　［よりよい学校生活、集団生活の充実］　91
　［伝統と文化の尊重、国や郷土を愛する態度］　91, 92

　［国際理解、国際親善］　63, 92

D　主として生命や自然、崇高なものとの関わりに関すること
　［生命の尊さ］　99, 100, 103, 104
　［自然愛護］　100, 101, 104, 105
　［感動、畏敬の念］　101, 102, 105, 106
　［よりよく生きる喜び］　102, 103, 106

中学校

A　主として自分自身に関すること
　［自主、自律、自由と責任］　69
　［節度、節制］　70
　［向上心、個性の伸長］　70, 71
　［希望と勇気、克己と強い意志］　71
　［真理の探究、創造］　71, 72

B　主として人との関わりに関すること
　［思いやり、感謝］　75-79
　［礼儀］　79-81
　［友情、信頼］　81-84, 171
　［相互理解、寛容］　84, 85

C　主として集団や社会との関わりに関すること
　［遵法精神、公徳心］　89, 90, 171

［公正、公平、社会正義］ 90, 138
［社会参画、公共の精神］ 90
［勤労］ 90
［家族愛、家庭生活の充実］ 91
［よりよい学校生活、集団生活の充実］ 91
［郷土の伝統と文化の尊重、郷土を愛する態度］ 91, 92
［我が国の伝統と文化の尊重、国を愛する態度］ 91, 92

［国際理解、国際貢献］ 92, 138

D 主として生命や自然、崇高なものとの関わりに関すること

［生命の尊さ］ 99, 100, 103, 104
［自然愛護］ 100, 101, 104, 105
［感動、畏敬の念］ 101, 102, 105, 106
［よりよく生きる喜び］ 102, 103, 106

執筆者一覧（執筆順、＊印＝編者、所属の後ろは担当章節）

＊笹田博通	（ささだ・ひろみち）	前・東北大学大学院教育学研究科	まえがき・1章
八幡　恵	（やはた・めぐむ）	前・東北学院大学文学部	2章
吉川友能	（よしかわ・ともよし）	前・弘前大学教育学部	3章
走井洋一	（はしりい・よういち）	東京家政大学家政学部	4章
＊山口　匡	（やまぐち・ただす）	愛知教育大学教育学部	5章・あとがき
齋藤雅俊	（さいとう・まさとし）	柴田学園大学生活創生学部	6章
坂本雅彦	（さかもと・まさひこ）	長崎純心大学人文学部	7章
紺野　祐	（こんの・ゆう）	東北学院大学文学部	8章
小池孝範	（こいけ・たかのり）	駒澤大学総合教育研究部	9章・10章4節
奥井現理	（おくい・げんり）	飯田女子短期大学	10章1節
神林寿幸	（かんばやし・としゆき）	明星大学教育学部	10章2節
清多英羽	（せた・ひでは）	東北学院大学文学部	10章3節
池田全之	（いけだ・たけゆき）	お茶の水女子大学基幹研究院人間科学系	11章
＊相澤伸幸	（あいざわ・のぶゆき）	京都教育大学教育学部	12章
盛下真優子	（もりした・まゆこ）	前・東北生活文化大学短期大学部	13章
寺川直樹	（てらかわ・なおき）	大谷大学教育学部	14章

考える道徳教育　「道徳科」の授業づくり

2018年 8 月25日　初版第 1 刷発行
2022年11月30日　　　第 2 刷発行

編著者　　笹　田　博　通
　　　　　山　口　　　匡
　　　　　相　澤　伸　幸

発行者　　宮　下　基　幸

発行所　　福村出版株式会社
　　　　　〒113-0034　東京都文京区湯島 2-14-11
　　　　　　　　　電　話　03 (5812) 9702
　　　　　　　　　FAX　　03 (5812) 9705
　　　　　　　　　https://www.fukumura.co.jp

印　刷　　株式会社文化カラー印刷
製　本　　協栄製本株式会社

© Hiromichi Sasada, Tadasu Yamaguchi, Nobuyuki Aizawa 2018
Printed in Japan　ISBN978-4-571-10185-4 C3037

落丁・乱丁本はお取替えいたします
定価はカバーに表示してあります

福村出版◆好評図書

田代高章・阿部 昇 編著
「生きる力」を育む 総合的な学習の時間
●自己創造・社会創造へつながる理論と実践

◎2,600円　ISBN978-4-571-10192-2　C3037

「総合的な学習の時間」のあり方を理論的・実践的に提示する。東北地方の小中高における実践例を豊富に掲載。

岩手大学教育学部・岩手大学教育学部附属中学校 編著
Society 5.0時代の中学校教育の構想と実践
●1人1台端末時代の新しい授業の形［全教科対応］

◎3,000円　ISBN978-4-571-10197-7　C3037

超スマート社会（Society 5.0）の到来を見据えた，タブレット等ICTを活用した教育の指導計画と実践例を豊富に紹介。

佐々木正治 編著
新 中等教育原理〔改訂版〕

◎2,200円　ISBN978-4-571-10188-5　C3037

グローバル化が進み激変する社会に向けて，中等教育の基礎的な知見を解説したテキストを時代に即して改訂。

渡辺弥生・小泉令三 編著
ソーシャル・エモーショナル・ラーニング（SEL）非認知能力を育てる教育フレームワーク

◎2,600円　ISBN978-4-571-10198-4　C3037

子どもの感情と社会性を育む国際的教育活動「SEL」の概要・導入・アセスメント・日本の実践例を紹介。

山崎勝之 編著
日本の心理教育プログラム
●心の健康を守る学校教育の再生と未来

◎2,700円　ISBN978-4-571-22061-6　C3011

子どもの心の健康と適応を守るための心理教育プログラム。学校での恒常的安定実施への壁とその突破口を探る。

中谷素之・岡田 涼・犬塚美輪 編著
子どもと大人の主体的・自律的な学びを支える実践
●教師・指導者のための自己調整学習

◎2,800円　ISBN978-4-571-22060-9　C3011

学校教育，スポーツ，医学教育など多様な現場で行われている自己調整学習の研究・実践の具体像を示す。

河野和清 編著
現代教育の制度と行政〔改訂版〕

◎2,300円　ISBN978-4-571-10179-3　C3037

現代の教育を支える制度と行政を，体系的かつ初学者にもわかりやすく解説した好評入門書の改訂版。

◎価格は本体価格です。